かくれ繊細さんの
めんどくさい疲れを手放す本

HSS型HSP専門
心理カウンセラー
時田ひさ子
Hisako Tokita

PROLOGUE

はじめに

「疲れています」

今の日本で、疲れていない人なんていないのではないか、と思います。

通勤での満員電車、組織や集団から受けるストレス、辛辣《しんらつ》なコメントがあふれかえるSNS、急速なIT化、老後の不安、不安定な労働環境、物価の高騰、時代の急速な変化によって改めて考えなければならなくなったお金の不安、減らない自殺者の数、過去最高数となった不登校、いじめ、パワハラ、モラハラ、悪口、流行の病気、異常気象、出生率の低さ、日本の未来を憂える論調……。

どこを切っても、皆が健やかにのびのびと生活できる空気感が損なわれているように感じます。

閉塞感や疲労感を、なんとかやり過ごして生きていくことが求められる昨今に、へとへとなのにそう言いづらくて、エナジードリンクや刺激の強いものを飲みながら日常に追われている。なんとか不安を取り除こうとなにかを学んだり、新しいことに挑戦している人もいることでしょう。

でも、そうやってたくさんのことを乗り越えているはずなのに、達成感がなく、疲れだけがたまってしまっていませんか?

このような疲れを抱える人の中には、「好奇心が強いにもかかわらず怖がりである」とか、「没頭しやすいけれど長続きしない」という相反する性格特性をおもちの方がいます。こうしたことに心当たりがあるのであれば、**あなたはもしかしたら、「かくれ繊細さん」(HSS型HSP、あるいはHSE)かもしれません。**

これは、アメリカの心理学者のエレイン・アーロン博士の発見した概念「HSP:Highly Sensitive Person」(生まれつき感受性が強く敏感な気質をもった人)から知られるようになりました。この「HSP」の中でも「かくれ繊細さん」とは、共感能力が高く繊細で傷つきやすい側面（ＨＳＰ）を、外向性、社交性、積極性、好奇心旺盛さという別の側面（ＨＳＳ：High Sensation Seeking、またはＨＳＥ：Highly Sensitive Extrovert ＝外向的なＨＳＰという意味。ＨＳＳ型ＨＳＰとほぼ重複しています。エレイン・アーロン博士２０１８年ブログ〝Introversion, Extroversion and the Highly Sensitive Person〟）により表面化しないようカバーしている人たちです。

ご挨拶が遅れました。私は、「かくれ繊細さん」を専門にカウンセリングをしている時田と申します。

かくれ繊細さん専門のカウンセラーとして、のべ約2万時間、複雑な性格特性をもつ方々の生きづらさを解消するサポートをしてきました。

私自身もかくれ繊細さんであり、疲れに悩まされつづけ、サプリメントや手帳術、体操、整体、枕を変えるなど、様々なことを試してきました。

疲れていても、弱音を吐けず、愚痴も言わずに、宮沢賢治の詩「雨ニモマケズ」のように耐えて、いつか楽になるはずと信じて、毎日の膨大なやることに忙殺されてその苦しい気持ちを誰にも言えずに抱え込んでもいました。そういう時は、十分寝たのに眠かったり、口内炎や湿疹が出たり、物をなくしたり忘れたりすることも増えます。

「人は皆同じようにめんどくさいのに本心を言わずに我慢しているものだ」「皆なにかしら悩んでいるんだから」と自分をなだめながら生きていたのです。

ですから、「疲れているけど、自分だけ弱音なんて吐けない。でも、なにをしても疲れがとれない」と、解決法がなくあきらめながら毎日を過ごすしかない方々のウツウツとした気持ちは、とてもよくわかります。


これまで、自分を含め、たくさんのかくれ繊細さんの自己発見に伴走してきて、はっきりとわかったことがあります。

実は、かくれ繊細さんの疲れは、一般的な方法ではなかなか解消しづらいということです。

くわしくは本文で紹介しますが、工夫次第で、疲れはかくれ繊細さんでも解消することができ、生きづらい世の中でも我が道を歩むことができるようになります。このまま疲れつづけて生きていくのも1つの生き方ですが、めんどくさい疲れを建設的に解消して、これまでの大変さを手放す生き方を開拓することもできます。

かくれ繊細さんは、「自分を燃やしつづけて生きていきたい」人たちです。そして、人生になにか、自分の生きた痕跡を残したいと強く希求していらっしゃいます。なんとか結果を残したい、つまらない人生を送りたくない、という強い気持ちをもつかくれ繊細さんだからこそ、これまでは疲れきっていたせいで、思ったような結果が残せなくて悔しい思いをしたことがあったかと思います。

私は、自力で疲れを解消し、好循環を生む生き方にスイッチできた方をたくさん見てきました。あなたも、そうした自分を手に入れられると思います。めんどくさい「疲れ」をそのままにしておく必要はありません。

この本では、かくれ繊細さんがご自身に合った疲れのとり方に関して、これまでのカウンセリングからわかったことを、できる限りつまびらかにお伝えします。

1人でも多くのかくれ繊細さんに、この本をきっかけに「疲れ解消」に建設的に取り組んでいただければ幸いです。

2024年5月　かくれ繊細さん専門カウンセラー　時田ひさ子

PROLOGUE

かくれ繊細さんとは

かくれ繊細さんはどんな人たちなのかと言うと、

・好奇心が強いにもかかわらず怖がりである
・大胆なのに傷つきやすい
・愛情深いのに冷徹
・ずぼらなのに超細かい

など相反する性格特性をもちます。

ＨＳＰ（Highly Sensitive Person：生まれつき感受性が強く敏感な気質をもった人）の、共感能力が高く繊細で傷つきやすい側面と、ＨＳＳ（High Sensation Seeking：刺激希求性）の外向性、社交性、積極性、好奇心旺盛さという極端な2つの側面をもつ人たちです。

よく使われる「アクセルとブレーキを同時に踏みながら生きている」というＨＳＳ型ＨＳＰを表わす言い方がありますが、両方を同時に踏んでいるせいで余計な力を使いすぎていて、疲れやすいと考えられます。

その他に、

・大胆な行動をとり外向的なのに傷つきやすく繊細
・人とうまく付き合えているようで、誰かの小さな発言でモヤモヤしている
・自虐ネタで笑いをとるが、いじられすぎると深く傷つく
・おもしろいことや感動することが大好きで、心が洗われるような体験を求める
・興味の向く分野に一貫性がなく、ばらけている

・ゼロから1を生むよりも、1を2にする（修正する、改善する）ことが得意
・誰かの悩みや苦労を改善することに深い喜びを感じる
・取り組み始めると集中力が高くのめり込む
・すでに他の人がやっていることに興味をもたず、人がしていないことをやりたがる
・女性の場合は男性的な面を、男性の場合は女性的な面を多分にもつ
・周りの期待に応えることを優先する
・誰かに喜んでもらえるなら、自分の気持ちは抑え込む
・9の長所より1の欠点にくよくよしやすい
・現状に満足してはいけないと自分を否定し、はっぱをかける
・自己卑下し、不安を感じやすい
・疲れやすいが、疲れても我慢して周りに歩調を合わせる
・中途半端な人を見るとイライラする
・猛烈に自信のある分野がある
・本当の自分と、周りから見られる自分にギャップがある。そしてそんな自分は変

なんじゃないかと思っている。

などの特性に、共感していただけることが多いです。

そして、多くのかくれ繊細さんは、最初は「自分は繊細ではない」と思っています。社交的、外向的で明るく、物事を気にしない人だと思われやすかったり、アウトドアやスポーツが好きだという人物像の場合、「繊細な人」だとは思われにくいのです。

そのため、自身も「自分が繊細だ」なんて思っていないのです。後から徐々に、隠れたHSP特性に思い当たっていくことになります。

そんな特性をもつかくれ繊細さんは、全人口の6％いると言われています。

あなたがHSS型HSP＝かくれ繊細さんかどうかをチェックしていただくテストをご用意しました。

こちらで何項目思い当たるかをチェックしてみてください。

CHECK SHEET

□正義感・思いやり・親切心が強い
□自他に対して誠実でありたい
□小さなやさしさや人間味に触れると強く心が震える
□周りの人との調和に常に配慮している
□意識しなくてもいつもなにかを想像したり考えたりしている
□物事や人の真偽を見抜くのが得意だとひそかに思っている
□理不尽な出来事を見ると、落ち着かなくなる
□理由はわからず落ち込むことがあるが、それを周囲には気付かれないようにしている
□アイディアが湧いてとまらないことがある
□人に見られていたり時間がなかったりすると、焦って本来の力が発揮できない
□引っ越しや転勤、人の死など、生活に起こる変化で動揺しやすいと思うが、できるだけ動揺しないよう、抑えるようにしている
□ゴールに到達する前にやめてしまうことが多い
□時間を無駄にするのが嫌いで、待ち時間や隙間時間になにかをしたくなる

□センスあるなと思う分野があるが、それを自慢しないようにしている
□行ったことがない場所に行ってみたいが、うまく行けるかどうかの不安も強い

いかがだったでしょうか？　15項目のうち、12項目以上該当すればかくれ繊細さんの確率が高いと言えます。

ちなみにＨＳＰ（Highly Sensitive Person：繊細な人）は全人口の約20％存在していると言われています（ＨＳＳ型ＨＳＰは、このＨＳＰのうちの約30％）。ＨＳＰを表す指標は、以下の4項目で、これら4項目のすべてが高い人たちのことを指します。

・D　Depth of processing：物事を深く考える
・O　Overstimulation：過剰に刺激を受けとる
・E　Emotional reactivity and high Empathy：感情が強い、共感力が高い
・S　Sensing the Subtle：些細なことにも気付く

PROLOGUE

第1章

その疲れ、「かくれ繊細さん」？

CONTENTS

第2章 人付き合いに疲れる

第3章

自分自身に疲れる

第4章

仕事に疲れる

第5章

疲れすぎる「かくれ繊細さん」に必要なこと

第1章

その疲れ、「かくれ繊細さん」？

「かくれ繊細さん」って聞いたことはありますか？

ただの「繊細な人」ではなく、

「繊細なのに繊細に見られにくい人」

のことです。

その毎日の疲れ、もしかして「かくれ繊細さん」？

「人が多かったりうるさい場所にいる時、電車に乗る時、気温差がある時、特に暑い日、それから季節の変わりめには疲れます。一度にたくさんのことを言われたり頼まれた時（特に子どもから）や、どうでもいい話や結論が見えない話に相槌を打たないといけない時には、萎《な》えます。

自分のことでは、先のことを想像しすぎることや、今日あったことを思い出して頭の中でエンドレスにリピートしたり、自分が言ったことを『こう言えばよかったかな？』と振り返り、ぐるぐるやりなおしたりしていますが、きっとこうしたことに疲れていると思います。1つのダメージから切り替えるのに時間がかかるので、疲れがとれない感じがします」（30代女性）

「子どもの、いつもと違うなにかを勝手に察知して、先回りしてしまいます。皆に喜んでもらいたいから、いろいろ考えて疲れます」(40代女性)

「急に家に人が訪ねて来たり、なにかに対応しなければならなくなると、プチパニックになります。終わった後、自分の対応で恥ずかしかった点について長い時間反省しつづけます。こんなことで疲れ果ててしまうのは自分だけだろうな、と感じます」(40代女性)

「自分1人だけが、すごくいろいろなことを考えて、気を回していると気づいた時、すごくめんどくさいなと感じて、疲れます。体が疲れたのではなく、『孤独だな。でもわかってもらえるわけないよね』って思い知ることに、疲弊《ひへい》しているのかもしれません」(50代女性)

「電車に乗っている時に、周りから見られているような感覚があったり、逆に自分も周りが気になったりして疲れてしまいます。仕事で意見が衝突してしまった時も、ドキッとして疲れます。

人の悪口を悪気なく言っている人を見ると、自分も言われているんじゃないかと考えて、萎縮します。あと、自分の感情の起伏に疲れます。思いきり高ぶったり、思いっきり下がるから。それから、他の人の怒りや悲しみなどのネガティブな感情が気になるのがすごく疲れます。考えたら、いくらでも疲れる場面が出てきます」

（30代男性）

どんな時に疲れを感じるかについて何人かのかくれ繊細さんにうかがってみました。思い当たる節がありますか？　カウンセリングをしていると、実にたくさんの方がこのように言います。あなたもこのように疲れてしまうことがあるのではないでしょうか？

かくれ繊細さんの「疲れる」、という言葉は、

① 予測しすぎで疲れを感じる
② 他人の言動に対する自分の反応に疲れを感じる

という2つに大別できるようです。

そして、その疲れをわかってほしいと思ってもなかなか理解してもらえないと感じているのです。

かくれ繊細さんの日常は疲れやすい！

マイクロストレスという概念がクローズアップされ始めました。

マイクロストレスとはその名の通り「小さいストレス」のことで、道が渋滞しているとか、電車が混んでいるとか、メールの返信がなかなかこない、パソコンの起動が遅い、仕事の遅いチームメイトを助けたり終業間際に急ぎの仕事を頼まれたりした時などに感じるストレスを指します。

マイクロストレスの研究者（アメリカのバブソン大学准教授のロブ・クロスら）は、大半の人が当たり前ととらえることがストレス因となってしまう人たちがいると指摘しています。

〝能力が高いながらも、なぜか燃え尽きているように見られる人が非常に多く見られた。しかし詳しく調べると、その原因がわかる。時間の経過とともに蓄積されたマイクロストレスだ。〟
（引用：ハーバード・ビジネス・レビュー、2020）

大きなストレスがあるわけではないにもかかわらず、じわじわと、意思決定が難しいと感じたり、モチベーションを上げにくいと感じるようになったり、生産性が下がったり、疲労感、孤立感が増したりして、体調を崩したりするのです。

日常には、マイクロなストレス要因がたくさんあります。

たとえば、

・電車の座席で足を組んだり、化粧をしている人を見た時
・店内の通路をふさぐ人に遭遇した時

・重いマイバッグが腕に食い込む時
・出入口ではち合わせした時、よけて待っていたのに当然のような態度で通過する人を見た時
・シャツからはみ出す下着を見た時
・気になるにおい
・寒すぎる時、暑すぎる時、湿度が高すぎる時、風が強すぎる時
・服のなにかが体に当たって気になる時
・誰かが自分をチラッと見る目線
・自分のすぐ目の前を横切る暴走ぎみの自転車
・無表情な人
・レジで支払いをしたいだけなのに、決済方法の選択でまごつく時
・買いたい商品の値段が想定よりも高い時

など、ちょっと考えただけでもたくさん出てきます。
これらは、かくれ繊細さんから「これをストレスに感じている」と報告いただいた

もので、一般の人から見るとかなりマイクロなストレスです。

大体「考えすぎ」「細かすぎ」ととらえられる刺激と言えます。

かくれ繊細さんは、こうしたマイクロストレスからの刺激によって疲れを蓄積していきます。その上、ある分野ですごく強い自信をもち、飛び抜けた力を発揮することができるのに、皆が耐えられるストレスに耐えられないため、自己否定に走ります。

小さなストレスの蓄積の上に自分へのダメ出しがドカンと乗ってくるので、疲れを解消できなくなり、すり減ってしまいやすいと考えられます。

ひとつひとつの小さな出来事が気になってしまう自分。その自分に対する「自己否定」が、かくれ繊細さんを疲れさせるのです。

かくれ繊細さん本人は、特に理想を高くもっているつもりはないと思いますが、「こうありたい」と一段も二段も高い理想をもつことも、疲れを生んでいると言えます。

かくれ繊細さんゆえの疲れとは？

かくれ繊細さんからいただいた「疲れる」に関する声からわかることとしては、皆さん、「かくれ繊細さんならではの疲れ方」をしているように見えます。

かくれ繊細さんの疲れ方の1つめの共通点は、「一般的には気にならないようなことが気になって仕方がなくて疲れる」ということです。

たとえば、前を歩いている人がゆっくりで、その人を追い越す時になんだか「悪いな」と感じてしまい、自分がややゆっくりになったりします。

追い越す瞬間に「え？　追い越した？」と驚かれるんじゃないかということが気になって、追い越すに追い越せなくなります。おそらく多くの人は、そのようなことは気にならないことなのでしょう。でも、かくれ繊細さんは気になってしまいます。

2つめの共通点としては、「どうしてそうなるのだろう?」と、因果関係に敏感であるということです。

たとえば、誰かが急に約束の日程を変更したいとメッセージしてきたとしましょう。あなたはすでに、その予定に向けて準備をしていたので、できれば変更してほしくありませんでした。

そんな時でも、変更の申し出があれば、かくれ繊細さんは「きっとすごく重大な理由があるのだろう」「もしかしたら、ずっと言い出せなくて困っていたのかもしれない」「最初からスケジュールが合わせづらかったのかもしれない」「ならば、変更も致し方ないな」と考えます。

これは、相手が不快な申し出をしてきたにもかかわらず、相手に腹を立てるのではなく、代わりに因果関係を考慮して納得しようとしていると言えます。

かくれ繊細さんは、このように「相手に悪気があってやっていることではないなら、文句なんか言っちゃいけない。気持ちよく協力しよう」と、自分の中で丸く収めようとしすぎて疲れてしまいます。

こんなふうに、「普通そんなことは考えもしないよ」ということにエネルギーを使います。

それに、おちおち「○○で疲れた」などという話も人にできません。

なぜって、相手の反応に疲れるからです。

相手が自分の疲れ方に呆れているのではないかと考えて、また疲れるのです。

だから、そんなふうに呆れる人の態度を、かくれ繊細さんはとてもよく知っています。

人が呆れた時、顔の角度が少し上がります。

目は笑っているのに、目線は冷たくなります。目線の温度が下がるというのでしょうか。呼吸のペースも変わり、少しためらったような、困ったような表情や間合いが生まれることもあります。

こうした、非常に微妙な相手の反応を、かくれ繊細さんは見逃しません。

なぜなら、かくれ繊細さんは相手の反応を見ることで、周囲との調和を図り、自分を周りに馴染ませながら生き延びてきた人たちだからです。

とても疲れながら、人とコミュニケーションをとっているのです。

かくれ繊細さんには、自分がどう疲れているのかを話せる相手がほぼいないことも、疲れを解消しづらい理由と考えられます。

人が疲れを解消するには、感じた疲れをそのまま、ありのままに誰かに受け入れてもらわなければなりません。

風邪は、誰かにうつすと治ると言います。俗説だと思いますが、イメージとしてはそれと同じです。そのままの形、そのままの大きさ、そのままのニュアンスで、疲れを誰かに渡し、受け取ってもらうことができると、疲れはなくなります。

ですが、かくれ繊細さんが疲れをなくせないのは、この「ありのままを受け取ってもらう」相手がいないからとも考えられます。

なにしろ、人口比率が低い（6～8%と言われています）。

そして、人に伝えて呆れられるという経験から、自分の疲れについて、そのまま話すことができなくなってしまっています。呆れられるのが恐ろしいんです。

それで、疲れを解消するために自分であれこれ方法を探してこられたかと思います。

最近は、テレビ番組で（特に深夜番組などで）「気にしすぎちゃう人たちの、気にしすぎな点を笑う」という企画をよく見るようになりました。

企画の内容自体はおもしろいこともありますし、うまく気持ちよい笑いに仕上がっていることもありますが、基本的に「気にしすぎる人たちがおもしろい」＝「そんなことまで気にするなんて、おかしい」ということなので、非ＨＳＰと一緒に見るのは避けたいものです。番組内容に共感している自分を、一緒に見ている非ＨＳＰがおもしろがって笑うのを見るのは、耐えられそうにありません。

一緒に見ている人の発言や態度は出演者に向けてのものにもかかわらず、自分が傷つくんだろうなと想像がつきますからね。

かくれ繊細さんは、疲れ方が独特である上に、それをわかってもらいにくいので疲れやすく、そしてその疲れを人と話す機会もなかなかないため、解消しづらいのです。

かくれ繊細さんの生きづらさと悩み

かくれ繊細さんは、見た目は明るかったり、リーダーシップがあったり、バリバリと仕事をしていて信頼が厚かったりして悩みがなさそうに見える方が多いです。ですが、その特性から疲れやすく、入り組んだ生きづらさと悩みをおもちです。

「楽しかったのは、20代の一瞬だけで、異性に大事にしてもらっている時は忘れられたのですが、結婚し、出産し、毎日の生活に追われるようになったら、疲れたと言っていられなくなって、どんどん自分を追い込んでいきました。もう、悩みが1つだけではなく、性格、仕事、夫婦関係、育児、教育、お金……、と増えまくり、不治の病を抱えた患者のようにボロボロの精神状態です」(40代女性)

「仕事ややりたいことで、少しの実績を積んだからと言って、それをやりつづけることができない。つづけられない焦り、不安と自己否定で疲れきっているかもしれません。疲れているなんて言いたくないですが」（40代女性）

「失望することが多いです。疲れているからでしょうか」（50代女性）

「思考のぐるぐるが止められなくなり、疲れ果てていて、どうにかしないといけないと思っています」（40代男性）

「自分のこの性格を二重人格なのか？と心配になったり、自分自身も取り扱い方のわからない心の複雑さにうんざりし、葛藤で疲れる日々です」（40代男性）

「30代後半になり、いろいろな課題が押し寄せてきて、自分自身がどうしたいかと考えるものの、切り開くための決定的なパワーが湧いてこない。この無気力さは、子どもの頃のなにかに関係があるような気がしています。

実家のこと（お金の問題や不仲）、子どものこと（パートナーとの関係、産むならリミットが迫る）、仕事のこと（昇進？ or 転職？）、体調のこと（ストレスに弱く常に不定愁訴）などです」（30代女性）

「周りの人の反応ばかりうかがって（特に職場で）自分の気持ちがわからず、なにをするにもまるで手足を鎖でつながれているような感覚がありました。がんじがらめになって生きにくさを感じています」（30代女性）

「なぜ多くの人が普通にできることが私にはできないのか、どうしてこんなに生きづらいのかがわからず、発達障害やうつなど、いろいろ調べましたがピンとくるものがありませんでした。ＨＳＰも当てはまらないことがあり『私は違う』と思い、自分がぴったりくる分野を探すのにも疲れています」（20代女性）

「内側のネガティブな自分と、表面上周囲に見せる冷静沈着で明るくポジティブな自分との葛藤に疲れ、自分の先が見えないまま、それでもこのままで終わりたくない、という密かな強い欲求があります」（30代男性）

生きづらさ、疲れ、ストレス、葛藤、プレッシャー……、言い方は様々ですが、かくれ繊細さんは多くのことで疲弊しています。

でもかくれ繊細さんは、ご自身がダイヤの原石をもっていることをご存じです。ですが、疲れにどう対処しながら磨けば光るのかを知らない状態で、困っているのです。

心の中では…

疲れを手放せるようになったら？

かくれ繊細さんはずっと周囲を見回し、観察しつづけながら、自分を活かし、燃やして生きていくための術を探しつづけています。

そのためには、疲れてなんていられないはずなのに、現実の自分は途方もなく疲れていて、そのことにもがっかりしてしまいます。

だから、「もしこの疲れがとれるようになったなら、どうなるんだろう？」ということをお知りになりたいのではないでしょうか。

その疲れを手放せるようになっても、疲れなくなるわけではありません。

残念ながら、HSPというもともともっている特性は捨てることができないため、「疲れに気が付かない人になる」わけではないのです。

また、年をとったら図太くなる、と聞いたことがある方もいるかもしれませんが、察する力や、無意識に洞察してしまったりする力がなくなるわけではないので、かくれ繊細さんは年をとってもそれほど図太くはなりません。

では、疲れを自分で手放せるようになるとどうなるのかというと、「疲れを早めに終わらせられる」ようになります。

素早く疲れが手放せるようになると、しっかり休めるようになります。

しっかり休む、というのはかくれ繊細さんにとってはかなり難しいことです。

いつも頭の中でぐるぐるなにかが起動していて、休まることなく動きつづけているからです。

その頭の中のぐるぐるもろとも起動を止められます。そうすると、穏やかな休息が手に入ります。

穏やかな休息があると、自浄作用でやる気が回復してきます。気力が満ちて前向きになるんですね。

ところが現状はどうなのかというと、かくれ繊細さんは、ご自身がどんなことに疲れてしまうのかに非常に「鈍感」になっています。

それは、「疲れていることに自分が気が付いてしまうと、その疲れに飲み込まれてしまうような気がする」からです。

自分が疲れていることを認めてしまったら終わりだ、と思っているからなんです。だから、疲れていることをなかなか認めようとしないことがあります。

ですが、自分の現状を正確に知らない状態では、正しい対策を立てることもできません。となれば、状況は決してよくはなりません。

だから、かくれ繊細さんは、自分の疲れを「正確に把握できること」がすべての始まりとなります。

「自分がどれほど疲れていたのか」がわかると、素早く現実的な疲れを手放すことができます。するとしっかり休めるようになります。

自身の疲れを理解することでしっかり休めるようになると今度は、「自分の疲れやすさを無視する」のではなく、わかった上で、予防と対策を施せます。

すると、対策していない時に比べて疲れる頻度が減ります。

そうなれば、「なにかをやってみたいけれど、疲れそうだからどうしよう」と迷う場面が訪れた時、無理やり頑張るのではなく、疲れることに対策をした上で取り組めるようになるんですね。


たとえば、休みの日に誰かと会うのは、楽しみな反面、疲れそうだなと思っているとします。

「疲れそうだ」と思うのは、疲れ対策をしていないせいかもしれないんです。もしかしたら「時間が長くなりそうだ」と脳内予測してしまって疲れているかもしれません。そんな時は、「2時間までなら楽しく過ごせる」と思うのであれば、最初に「2時間しか時間がないけれど、それでも会いたいのでいいでしょうか？」と伝えておけば、疲れ対策をした上で人と会う楽しみを謳歌できるというものです。


このように、疲れるということを前提にして工夫し始めると、これまで途中でやめてきたようなことがつづけられる可能性が高まります。

「ゼロ百思考」で極端な決断をして、早まったかもしれないと後悔しがちな傾向もかくれ繊細さんにはあります。

誰かと会いたいけれど、その時間が長すぎると疲れそうだなと思う場面では、「じゃあ行くのをやめてしまおう」といったように、全部なしに（ゼロに）してしまいがちですが、そのような決断を回避できる可能性も出てきます。

そして、疲れを自分で解消できると「疲れは、あってもよいもの」「人は疲れて当然」であると思えるのです。なので、「疲れている自分も受け入れられる」ようになります。自己を受容できるようになるのです。

そういう状態が実現すると、これまで「疲れるから無理」とあきらめていたことをあきらめなくてすむようになります。疲れを早期に知り、手放すことで様々な方向によい波及効果が現れます。

疲れを手放せないままだったら、どうなる？

仮に、「疲れ」をどうにもできないままなら、今の状態が継続します。

40代を超えるともろもろ楽になるよ、生きるのが楽になるよ、などと言われていますが、かくれ繊細さんに関しては「あがき」が強くなる可能性が高いです。

なぜかというと、自分がどれほどのもの（能力）をもっているかを知ってしまっているからです。

ご自身がどれほどのポテンシャルをもっているのか、どれくらい人と違うのかを、なんとなく把握しているから、自分の可能性や能力を活かすチャンスをあきらめられません。それで、「あがきつづける」ことになります。


好奇心の強いかくれ繊細さんだったら、磨けば光る玉（自分のこと）が目の前にあったら、きっと磨いてみたくなるはずです。

でも、いくら目の前にあったとしても、自分の疲れを手放せないままだったら玉を磨くところまでたどりつけなさそうですよね。だって、疲れが強烈だから。

そして、疲れを解除する方法もわからないから、破れかぶれな気持ちになり、玉は磨いてみたいのにどうすればよいかわからず混乱してしまいます。

そのうちに、あまり疲れない人たちが徐々に自分よりも成果を上げていくのを目にして、「なんで自分が負けなければならないんだろう」と悔しい気持ちになります。

そして、さらにすさんでいきます。そうなると今度は、その磨けば光る可能性（玉）を見えない所にしまってしまうんです。見えなければとりあえずは「磨かなければ」というプレッシャーからは解放されて、楽になるからです。


でも、知っているんですよね、あなたは。その「玉」が隠されていることを。

そして、その玉を磨いたらどんなふうに輝くだろうかという好奇心が押さえきれないということも。なので、あがきつづけるだろうと思うんです、かくれ繊細さんならば。そんな状態がつづいた場合は、

・仕事で「ほんとは自分だってやれるのに」と思いながら、他人の活躍を指をくわえて見ている
・びくびく動揺して人に振り回される
・ばかにされてもどうしたらいいかわからない
・好きな人と付き合えないままでいる
・そんなふうに動揺する自分が嫌いなままである
・やりたいことは見つからないままである
・いつまでも才能を発揮するのが怖い
・変わらないままどんどん年をとる

という可能性が高まります。

このようなことを、かくれ繊細さんは望まないと思います。

ここから脱却するかどうかは、まずは「疲れる自分」であることを認め、疲れた時にスムーズに疲れを解消できるかどうかによります。

かくれ繊細さんにとっては逆効果
～これを信じて実践していませんか？

かくれ繊細さんは、疲れをなんとか解消するために、様々な解消法を試してこられたと思います。しかし、一般的に言われていることであっても、かくれ繊細さんは真に受けてしまわないほうがよい考え方もあります。

逆効果になりがちな考え方 1

気分が下がらないようにする

気分がよい時のかくれ繊細さんは最強です。

強気で無敵で、アイディアもどんどん湧いてきて、自分のことを信じられます。だから、いつもそういう自分でありたいのです。

ですが、この状態でありたいがあまり、逆に気分が低い時の自分をメタメタに否定してしまいがちです。

本当はうまくいっていることだってあるのですが、「ゼロ百思考」が加速して「もっと頑張らないとダメだ」「こんなところでつまずいていられない」「もっと皆は頑張ってるよ」「へこたれないでやろう」といったように、気分が下がった時に自分で自分を叱ったり、はっぱをかけたりすると思います。かくれ繊細さんは、幼い頃からそんなふうに自分を鼓舞《こぶ》してきたのです。

そのように自分にダメ出しをして、もっとやらなきゃ、と自分にはっぱをかけて、いろいろなことを達成してきたので、つまずくと「自分へのダメ出し」をして自分を頑張らせようとしてしまいます。

でも、このやり方は、40代になると効果が薄くなってきます。そのやり方の限界がわかってくるからです。気分が乗らなくなってくるんですね。

40代以上のかくれ繊細さんは、自分で自分にはっぱをかけるやり方で気分を上げる方法から、徐々に手を引いていってみてください。

世の中に気分を高めつづける方法なんてありません。自分に戻す方法があるだけです。

自分に戻ると、我に返り、冷静になります。

冷静になるとかくれ繊細さんは、生来の才能を発揮できる最強の状態になります。

自分に戻す、とは、「疲れをとる」ということです。

逆効果になりがちな考え方 ② ネガティブを言葉にする

かくれ繊細さんの本質は、ネガティブでもあり、ポジティブでもあります。

ネガティブな発言をするのとネガティブな考えをもつのとは、まったく異なります。

この2つを同じものと考えてしまうと、大きな失敗をすることになります。

「正直に言うことはいいこと」という考えもあるかもしれませんが、心の中のネガティブを表に出すのは、場面や相手を選んでくださいね。

そのまま外に出すのは、社会的に許容されにくいから、です。

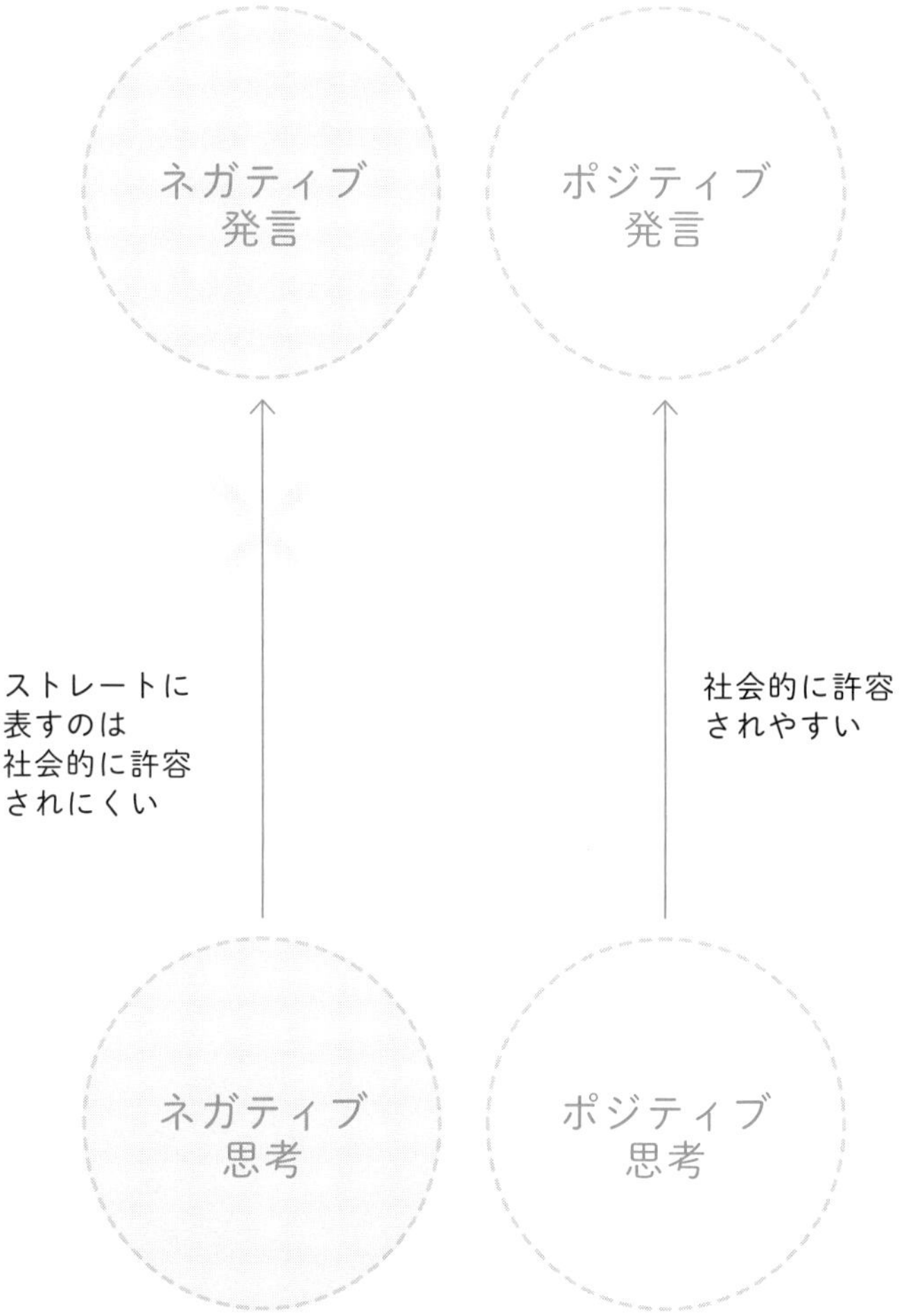

かくれ繊細さんは
両方の思考をたくさんもっている

逆効果になりがちな考え方 3

よく考えるということ

かくれ繊細さんは、物事の本質を見抜く力をもっているのですが、それはぱっと見ただけだと「いい加減」に「考えずに言っている」ように思われてしまいます。それで、そう見られないようによく考えるようにしていると思います。

社会人として、よく考えることは正しい姿勢です。論理的に説明できること、矛盾がないこと、論理的であることは求められるスキルですし、仕事がしやすくもなります。

ただ、疲れを解消するセルフスキルを身に付けるには、もともともち合わせている直感力を殺したままでは難しいのです。

直感と、考えは、両立します。
直感があって、後から考えがやってきます。

だから、最初にもった「直感でわかった」を手放さないまま、考えるようにしましょう。

他にも、かくれ繊細さんにとっては逆効果と考えられる一般常識があります。

逆効果になりがちな考え方4 「楽しまなくちゃ」と頑張る

かくれ繊細さんは楽しもうと頑張ると、楽しくなくなります。

逆効果になりがちな考え方5 嘘をつかない

嘘は責任をとれる範囲でうまく使うとよいでしょう。

嘘をつかないようにしよう、と心に決めて生きているかくれ繊細さんは多く、嘘をつくことを強く制限しています。

その制約は、かつて嘘をついて恥をかいた経験から生まれました。かくれ繊細さんは誠実で実直です。そのため、自分のつくったルールにも誠実で、破ってはいけないとがんじがらめになってしまいやすくもあります。そのために生きづらさが増してしまうのです。

ですから、**嘘をついてはいけないというルールを見直し、緩めてみましょう。**

逆効果になりがちな考え方⑥ 本音は誰かに吐き出すべき

本音を誰かに吐き出すことは、かくれ繊細さんには命とり。

かくれ繊細さんは極端な本音をもっています。それは感情の振れが大きいことに起因しています。

世の中の大方の意見から逸脱しがちな本音をもつことは、「おもしろい人」「独創性がある」と褒められる場面もあれば、逆に自分の首をしめてしまうことも多く、本音をそのまま言葉にするのは場面を選ばなければなりません。

いつでも誠実でいたい、嘘をつきたくない、という思いも強いため、いつでもどんな時でも直球で本音を言おうとする気持ちはよくわかりますが、傷つくと回復までに時間がかかり、疲れをより複雑にしてしまいがちなのもかくれ繊細さんです。なので、本音の扱いには気を付けましょう。

逆効果になりがちな考え方 7 叶えたいことは大勢の前で宣言する

宣言することの恥ずかしさ、不安のほうが大きくなる場合も多々あります。

逆効果になりがちな考え方 8 怖いと思っても我慢、目をつぶって乗り越える

怖さを目をつぶって乗り越えつづけると、怖いという感情が出てきた時になにかに挑戦することがまるごと嫌いになってしまいます。若いうちはこの方法でよいですが、年齢とともに、やり方を変えていきましょう。

第 2 章

人付き合いに疲れる

職場、恋愛、家族など、
人とのかかわりにおいても
かくれ繊細さんは疲れやすさを感じています。
この章ではそれぞれの人間関係での疲れと
その対策についてご紹介します。

頼めなくて疲れる

「頼めない」にはかくれ繊細さんの「疲れやすさの原因」がぎっしり詰まっています。
ある方のご相談内容です。

「人からなにかを頼まれることは好きです。でも、自分が誰かに頼むことはできません。誰かに頼むことはせず、自分でやってしまいます。ネットや本には、人に頼んだらいいと書いてあり、頼み方のコツも読んだことがあります。でも、それが解決になると頭ではわかっていても行動につながりません。頼むことのほうがむしろ、めんどうなのです。

家事を家族に頼むことも、仕事を誰かに頼んだりすることも苦手なので、結果、いつも1人で抱えてしまいます。『1人で抱え込まなくてもいいんだ』って言ってもらうこともありますが、うまく手放せない。どうしたらいいでしょう?」(40代女性)

かくれ繊細さんは人に頼まれるとうれしくなって頑張ってしまうのです。頼まれていなくても、察してやってしまったりもします。

そして、相手の要求水準を上回るところまでやって、喜んでもらいたいのです。だから、頼まれてもいない範囲までやります。それで喜んでもらえるので、自分も満足。これのどこにも悪いところはありません。ただ、あなたが疲れるということと、本当にやりたいことのための時間が残らなくなる以外には。

かくれ繊細さんの疲れる原因の1つは、「頼めないこと」にあります。

そして、誰かに頼むと今度は、自分の頼み方が悪かったのではないか、本当は頼まなければよかったんじゃないか、と脳内でぐるぐるリピートしつづけてしまうんです。

このように、かくれ繊細さんが頼めないのは、かくれ繊細さん独自の脳内イメージが理由です。

あなたの脳内には、相手の表情がよぎります。

たとえばあなたがなにか頼もうとして話しかけた瞬間の、相手の表情の筋肉の動きと眼球の小さな動きです。

そこからかくれ繊細さんは、その動きの真意（かもしれない感情）を読み取ります。

「え、それ、めちゃめちゃめんどうな仕事じゃないの」「忙しいのに、このタイミングで頼む？」「またなの？　勘弁してよ」「何なの？　その頼み方……」

こうしたおおよそネガティブな内容がサッと現れるので、頼めないんです。

気楽に頼める人の脳内は、頭の中に「相手の迷惑そうな顔」は出てこないか、または、相手が迷惑に思うかもしれないと一瞬よぎったとしても、「それはそれ」として取り合わないでいられるようです。

仮に頼みを断られたとしても「あ、断られた」と納得して終わりにできます。

もし、そんなふうに断られても全然へっちゃらでいられるなら、たくさんのことを人に頼むことができるかもしれない、と思いませんか？

つまり、頼めるかどうかは、本人の力量とか度胸のよさとかではなく、脳裏によぎる予測場面の有無が原因だと思われます。

かくれ繊細さんは頼むか頼まないかについて逡巡した上で、自分でやるという覚悟を決める間に、1回恐怖にさらされるので、その瞬間にかなり消耗します。それが、めちゃくちゃ疲れるわけですね。

こうした過程がとても疲れるので、かくれ繊細さんはもう、人生のどこかで「人に頼むのはいやだ。めんどう。自分でできることなら自分でやろう。そうだ、そうすればいいんだ」と腹をくくりながら生きてきたように思います。

仕事がら、女性かくれ繊細さんに頻繁にお会いするのですが、この方たちはどこかしらきっぷのよい、男前な人が多いように感じています。それはきっと、人生の中で何度も「腹をくくる」場面があったからなのではないかと感じます。

対策

かくれ繊細さんが、誰かに頼む必要が出てきた時は、枕詞《まくらことば》を使うと頼みやすくなると思います。

「頼まれるのは大変かもしれないけど」や「お疲れのところ、申し訳ないんだけど」といったようにですね。

相手がきっとこう思うだろう、ということを、先回りして一言だけ付け加えるようにしてみてください。

きっとあなたの中で頼むハードルが下がり、頼まれる人も「そう思ってくれているなら頼まれてもいいかな」という気持ちが高まるでしょう。

また、専門の業者さんに、仕事として来てもらってなにかしてもらう時でさえ、緊張して疲れるのがかくれ繊細さんです。

そういう場合も「お任せしますので、必要な時に呼んでください」と適度な距離を置いて接することを心がけると、疲れにくくなると思います。

他人に気を遣いすぎて、人のペースに合わせすぎて疲れる

かくれ繊細さんは、他人のペースに合わせるのがうまく、人と一緒にいる時は、基本的に自分のペースやタイミングは置いておいて周囲に合わせることを優先させます。

でもその実、かくれ繊細さんは、本当は自分のペースをめちゃくちゃ守りたいんです。

他の人に邪魔されるとか、妨害されるのが迷惑だと強く感じています。

本当は自分のペース、自分のタイミングで物事を推し進めたい人たちなのです。

そういう意味ではあまり協調性はないかもしれなくて、時々そういう面を「頑固だ」と言われてしまうこともあるかもしれません。

ただ、普段はそうした本心は置いて、社会的な協調性を発揮していて他人とトラブ

ルになることはないのですが、その分、他人に合わせて気を遣いすぎて疲れてしまいます。

疲れるなら、気を遣わなければいい、と思ってもそれができないのです。かくれ繊細さんはそもそも自然に他人に合わせてしまえる特性のもち主であるため、気を遣える人になろうとしてなったわけではありません。

そのため、気を遣うことをやめるほうが困難かもしれません。

また、かくれ繊細さんにとっては、他人に迷惑がられることや、いやがられることは非常につらいことで、できれば回避したいのです。

それは、かくれ繊細さんはHSPだからです。

そもそも傷つきやすく、他人に迷惑がられたり、いやがられたりすると、強く傷つきます。そのため、自分が傷つくことを回避するために、気を遣って、迷惑がられたり、いやがられたりしないようにしている部分もあるかもしれません。

人のペースに合わせることは、社会生活に必須なので、気を遣うことをやめる必要はないと考えます。

嫌われずに生きていくことは、かくれ繊細さんにとっても、そうでない人にとっても互いに気持ちのよいことですから。

ただ、かくれ繊細さんが周囲に合わせていられる時間にはリミットがあります。受け入れられる情報の容量を超えてしまうと、つまり、一定時間刺激を受けつづけていると、疲れてどんどん表情がなくなっていきます。

対策

限界がきたら、ダウンタイムを取得するようにしましょう。


ダウンタイムとは、まったく誰にも気を遣うことなく1人になれる時間のことです。

だらしない顔をしても、ごろんと寝っ転がったりしても大丈夫なくらいのまるきりの1人、が望ましいダウンタイムと言えます。

人がいるとダウンタイムにならないのは、あなたの行動を相手がどう感じるかを予測するために忙しく観察力を働かせてしまうためです。

予測することで緊張してしまいます。

とはいえ、完全なダウンタイムをとることは、状況によってはとても難しいですよね。

その場合は、目をつぶって情報を遮断するとよいですよ。情報の8割は目から入ってくると言われていますから、たとえ、5秒でも10秒でも情報を遮断してみましょう。

逆に目を開けている時は驚くほどの情報を外から受けているのだということを認識できると思います。

テンションが高い時に自分が決めたことに疲れる

かくれ繊細さんの繊細さを隠しているのは、その外向性です。

人と一緒に笑っているのが好きで、人と共感的にいたいと思っています。

そういう時、人は気分がよく、おおらかでいられますが、かくれ繊細さんもそのような時間をこよなく愛しています。

自分の脆弱さとも感じている部分を、外向性が隠してくれてもいるので、楽しい上に、うれしいのです。

そういう時、自分がそこにいてもいいんだと受け入れられている、とも感じます。

自分の存在価値を感じる瞬間です。そして、この愛すべきひと時を維持継続したくなります。

そういう時に、もしかしたら「今度女（男）子会やろう」とか「キャンプに行こう」とか「○○に行ってみたくない？」などと企画して、幹事や、とりまとめ役などをかって出ているかもしれません。

このような人は、別の言い方では「責任感が強い」とか、「明るく行動的で仕切りもできる」とか「リーダーシップがある」「いい提案をしてくれる」とか「面倒見がいい」と表されます。

そして、そのように言い表される姿こそが周りから求められる自分だ、と思って生きているかくれ繊細さんは多いのです。

ですが、この気分のよい時に決めたことが、だんだんと自分の足を引っぱり、つらくなってしまいます。

引き受けたのはいいけど、皆はこの自分が決めたことに満足しているんだろうか？

自分がこんな大役を引き受けなかったら、もっといい人が（気にしない人が）引き受けて、サクサクと物事が進んだんじゃないだろうか？

自分には荷が重すぎると思われているかもしれない。

あれこれ指示を出したら、いやがられるかもしれない。いや、もうすでにいやがられているかもしれない。

もしかして、もう皆はLINEでつながっていて、コソコソ「あの人には無理」とか悪口を言っているんじゃないだろうか?もしかしたら、この企画自体、迷惑がられているんじゃないか?など、ネガティブな脳内妄想が止まらなくなります。

その脳内妄想を、「そうそう、それって単なる妄想だから、気にすることないよ」と思える人なら、楽しく幹事をつづけられるのかもしれませんが、かくれ繊細さんはそうはいきません。

どんどん、手を引きたくなっていきます。

そして、やらなくてよい理由を考え始めたりもします。その日が近づくにつれて、及び腰になってしまうのです。

最初はあんなに盛り上がって決めたのに、です。

この現象は、かくれ繊細さんが、

・たくさんの些細な情報まで拾う知覚のもち主であること
・予測を先の先の先まで、根拠なくふくらます思考回路の爆発的拡大という特性をもっていること
・さらっと忘れることができない粘着度の高い感情をもっていること
・それらを手放すスキルをもち合わせていないこと

に起因しています。

対策

この疲れに陥らないためにできることは、いくつかあります。

まず、テンションが高くなっている時に宣言しないことです。

あるいは、「○○さんが幹事をやってくれるなら、自分が手伝います」というように、誰かと一緒に、企画や実行を引き受けるというのもいいですね。

それなら、大きな責任を複数の人たちと分担できるので、気が楽ですし、一緒になにかをつくり上げた人とはもしかしたら仲よくなれるかもしれません。

「人と信頼でつながりたい」というのが、かくれ繊細さんの人生の目的の1つでもありますので、誰かと、なにかを楽しく達成する機会があると、自分の行動を肯定することもできますし、人生の宝物のような記憶になるかもしれません。

そして、もし幹事になってしまったら、誰かにサポートを頼むといいですね。

サポート役は、あなたの細かい迷いを相談しても笑わない人であることが条件です。あなたが些細なことが気になった時、「あ、そういう細かいことに気付いて配慮してくれる人なんだな」と肯定的に思ってくれるようなタイプの人が適任です。

あなたの疲れを少しでも軽くしておくには、「そんなこと気にしなくていいんじゃない？」というように、あなたの繊細な気遣いをばさっと一刀両断する人は向かないのです。

周りから誤解されないように気を遣って疲れる

人は、ごく些細なことで誤解されてしまうものですが、かくれ繊細さんにとって「誤解される」のは大変疲れることです。

かくれ繊細さんは、たとえそれが完全な誤解であったとしても、言い訳がうまくできないのです。

なぜなら、多くのかくれ繊細さんには「言い訳は卑怯」という信念があるから。だから、言い訳はしたくない。すると当然のことながら、「誤解されたまま」になってしまいがちです。

または、仮に言い訳ができたとしても、うまく言い訳できないんですね。言い慣れ

れにつながってしまいます。かくれ繊細さんにとって誤解されるということはそれだけで、疲

てもいないですし。

そんな時、「誤解されてもまあ平気」「放っておけばいい」と考えて終わりにできるのであれば、さらっと受け流せることでしょう。「人のうわさも七十五日、ちょっと我慢していればいい」と考えられるなら、それほどのダメージにつながらないようなのです。

かくれ繊細さんは、人に誤解されると、

・誤解された悔しさ
・誤解されるようなことになった行動をした後悔
・誤解された自分を皆がどう思っているんだろう、という疑心暗鬼
・皆が自分を陰でクスクス笑っているんじゃないかという、いてもたってもいられないような恥ずかしさ

がワラワラと湧いてきます。

そして、こう覚悟しがちです。

「もうぜったいに誤解されないようにしよう」と。

だから、かくれ繊細さんはいつも、周りから誤解されないように気を遣い、緊張してしまいます。

その状態がつづけば、疲れは減りようがなく、拡大していきます。

そして、疲れやすい自分、打たれ弱い自分を「ダメな人間だ」と思い込みやすくなり、へこたれ、凹みます。それがつづくと、「もういい」と全部を投げやってしまいたくなり、いきなりそのグループや会社を辞めるなどの大きな決断に結び付けてしまうこともあります。

かくれ繊細さんは「ゼロ百思考」に陥りやすいのですが、それはこうした疲れを解消できず蓄積した結果、起こっていることかもしれません。

対策

この疲れを生み出す悪循環にどう対策するかというと、「誤解は、生きている限りなくすことはできない」と認めることだと思います。

かくれ繊細さんにとって、誤解された時の罪悪感や恥の感覚は、大変扱いづらいものです。

そのままにしておくと、ただただその不快な感情が拡大してしまうだけです。

それが、前述のような流れを経て、オーバーフローしてしまう原因になります。

誤解されることも、罪悪感も、恥ずかしいという感情も、なくすことはできません。

その点を理解した上で、もし誤解された時には、「ああ、自分は今、かくれ繊細さんの得意技である『ことさら大きくとらえがち』な癖が出ているなぁ」と把握することができるといいです。

そして「誤解はどうしたらとけるかを誰かに相談する」とよいです。

これは、非HSPが誤解された時にしている行動の1つです。ですが、かくれ繊細さんはこの行動をとることがとても苦手です。1人でなんとかしようとしてしまい、その間にどんどん罪悪感や恥ずかしいという感情が大きくなっていき、手に負えなくなってしまうのです。

たとえば、普通は誤解されたら言い訳をします。かくれ繊細さんは、皆がどう言い訳をしているのかを具体的に聞いてみるといいですよ。

うまく言い訳できる人は大概、「まず謝る」ことで相手に経緯を聞いてもらえるようにしています。それから、話しても大丈夫そうなら「経緯を話す」という順番です。最後に、「今後気を付けることを確認する」という流れです。

誠意があると感じさせる態度や話し方も、うまい人の真似をしてみると、疲れにくくなっていいですよ。

内容の薄い世間話や、退屈すぎる職場に疲れる

かくれ繊細さんは、本質的なことを話したいし、聞きたい人たちです。

深い話、核心にふれるような話。

本質をついた話には、「え！」と身を乗り出してしまいますが、表面的な話にはほぼ興味をもてません。

興味がなくても、にこやかに相槌を打っているかもしれませんが、波風立てないように、巻き込まれないように息をひそめながら、うまく合わせているのです。

それが、全体最適だからです。かくれ繊細さんは、全体が最適な状態になるようにバランスを微調整してこの社会の中で生き抜いています。そうすれば自分にもめんどうが起こらないことは、これまでの人生を通した学習でわかっているのです。

内容が薄い世間話にももちろん参加しています。

ですが、とても疲れます。かくれ繊細さんは本当は、本質的な話が好きだし、したいからです。


また、かくれ繊細さんは、暇な労働に疲れます。

これも「内容の薄い世間話に疲れる」のと同じ理由で疲れていると思われます。

私は学生時代に、新しくできた書店でアルバイトをしたことがありますが、暇すぎてなにをしていいかわかりませんでした。ただ立っているだけでいいんですか？なにかすることはありますか？と何回か店長に聞きに行きましたが、「レジで接客してください」と言われて、お客さんが来なくて途方にくれたことがあります。

それからは、暇すぎるアルバイトを選ばないようになりました。

なぜ皆、暇なことに腹が立たないのだろうかと、正直とても不思議でした。


おそらくこれらの現象は、ＨＳＳ型であるかくれ繊細さんが、退屈に非常に弱いということが理由ではないかと思っています。ＨＳＳ型は、刺激を追求する気質で、退屈で刺激がなくなると不安になっていきます。

そして、内容の薄い世間話や、暇すぎてやることがない場面は、おそらく刺激（情報量）が少なく、自分の刺激希求レベルよりも情報量が低いので、もっともっと刺激を求めるという共通点があります。そのために、疲れるのです。

また、**HSS特性だけではなく、HSP側にも好奇心を満たしたいとする特性が含まれています。12ページで紹介した「D＝物事を深く考える」です。**

かくれ繊細さんは、深いレベルまで物事を知ることへの好奇心が強いのです。そのことも、HSS特性とHSP特性との両方をもち合わせているかくれ繊細さんが、内容の薄い世間話や暇すぎるアルバイトに疲れることに影響していると考えられます。

対策

かくれ繊細さんが、自分の扱い方に苦労するのが、この「刺激レベルの調節」にあります。

いつも刺激的だと疲れてしまい、シャットダウンが起こります。たとえば、かくれ繊細さんは疲れると表情がなくなっていくと思いますが、これは刺激を多く受けすぎてしまった時の現象です。

でも、逆に情報がなさすぎるのも、前述のように大変疲れるのです。


この解決方法の1つは、スケジュールのつくり方に工夫をすることです。

2日働いて半日休む、くらいのペースが、特に体力が落ち始める45歳を超えた頃からは望ましいですね。また、1日の中でも、ペースに緩急をつけることを意識すると、刺激量の調節に役立つと感じます。

同じペースで刺激を受けつづけていると、心身ともに疲弊してしまいます。2時間半頑張ったら、少しゆるーい仕事を入れる、というようにしてみてください。

ご自身の適性に合ったスケジュールをつくることは、社会に合わせると現実はなかなか難しいですが、かくれ繊細さんの疲れをコントロールするには必須の対策です。

ぜひ早めに手を打っていきたいものです。

9:00 12:00
9:00 12:00
9:00 12:00

かくれ繊細さんが感じる恋愛の疲れ

かくれ繊細さんは激しく恋に落ちることがあるかと思いますが、疲れる原因となるポイントが3つあります。

それは、

① 恋愛での傷つき方がハンパでない

特性上動揺しやすく傷つきやすい上に、好きな相手の反応で大きく動揺し、傷つく。

② 自分の気持ちを伝えることが難しい。得意ではない上に、本心をどこまでさらけ出せばよいのか判断が難しい。そして本心を伝えるのがかなり恥ずかしい

自分の気持ちを言葉にすることが、相当恥ずかしく、難しい。

3 性欲の扱い方が難しい

性欲があるということを知られるのは超恥ずかしいけれど実は好奇心が強い。

でもその好奇心の強さを知られるのはさらに恥ずかしい。

これらのかくれ繊細さんの特性と複雑さを知らないまま恋愛関係に突入すると、自分を扱いきれないまま感情に翻弄されて、「自分は恋愛に向いていない」とか「性格を直さなくちゃ」と、自分をどんどん否定して自信を失ってしまいます。

1：非HSPさんとの恋愛で疲れる

人口比率的にいえば非HSPさんとの恋愛に遭遇する確率は高いです。かくれ繊細さんから見ると非HSPはとても「常識的」で「打たれ強い」ので頼もしく、素敵に思えます。

そして、そんな素敵な人に愛されている自分に対しても強烈な承認ができて一石二鳥です。

相手に受け入れられると体ごと感動してしまうかくれ繊細さんにとって、これ以上ないくらいの至福の体験です。この関係を継続したい、と強く思うため、かくれ繊細さんは相手に気を遣い、頑張ることと思います。

でも、「なんだかちぐはぐ」な感じや「なんだか伝わらない感じ」がいつもつきまとい、会うたびに違和感を感じていきます。相手が好きだとか、うれしい気持ちがある一方で、疲れがたまっていきます。

それなのに、相手はその違和感をまったく感じていない様子です。

違和感からくる疲れがふくらんで、ある時急に関係に終わりを告げて相手を驚かせたりします。相手からしてみたらあんなに好きでいてくれたのに？と、寝耳に水のように思えるのです。

または、かくれ繊細さんが「嫌われたくない」という一心で、相手に好かれるであろう言動をしつづけて、「なんだか本心がわからない」と相手から思われることも。本心でやりとりしたい、と望む相手である場合、煮え切らない（ように見える）かくれ繊細さんに業を煮やして、距離を置かれ始める、ということもあるかもしれません。

非HSPさんとの恋愛では、なぜだか疲れる、好きなのに疲れる、という矛盾を感じたまま、ぎくしゃくしていきやすいのです。

「自分はどうしたいか」を相手に伝えることは、特別な関係だからこそ許される愛情表現です。

にもかかわらず、かくれ繊細さんは、「こんなことを言ったらわがままなんじゃないか」と考えて、自身の本音を押し殺してしまうために、前述したようなことが起こります。好きだからこそ、相手をすばらしいと思うからこそ、自分の欲求や本心を抑えてしまうのです。

それは、かくれ繊細さんが、それまで本音を出すことを控えてきたことの影響によるものです。恋人ができたからといっていきなり本音を言うことをよしとできず、相手との乖離が生まれ、どんどん疲れていくのです。

対策

なるべく伝える、ということを心がけてみるとよいですね。

かくれ繊細さんは本心を言いづらいと思いますので、その場合は前置きがあるとよいです。

たとえば、「伝えづらいんだけど……」とか「恥ずかしいから言いにくいな……」というふうに言ってから、したいこと、興味があること、どんなことに傷つくのか、などをさりげなく伝えてみるようにしましょう。

ぐるぐると考えて逡巡して疲れる、ということが減っていきます。

2：HSPさんとの恋愛で疲れる

非HSPとの恋愛に疲れるのであれば、HSPさんやかくれ繊細さん同士の恋愛ならばうまくいくのではないか、と考えるのが筋かと思いますが、その場合も、気を付けないと疲れはやってきます。

HSP同士の場合、話が合うという点においては非HSPさんの比ではないと思います。でも、今度は距離が近くなりすぎてしまうのです。そして「自分たちはわかり合えているんだ」という強すぎる自信を生み出します。

この場合、完全な自分をさらけ出しすぎてしまう危険性があります。

「この人ならば大丈夫だ」と思って、かくれ繊細さんの本当に誰にも見せていない部分まで遠慮なく見せ始めてしまうのです。このようになると今度は、「そこまでは見たくなかった」部分を見せられてしまうことで、相手の気持ちが萎えてしまう場合もあるのです。

たとえば通常は、かくれ繊細さんはうつっぽい状態の自分を隠します。ですが、「この人になら大丈夫」という人にはその関係性の強さを信頼して、さらけ出しすぎてしまいます。

すると、相手の心の負担が重くなってしまいやすいのです。相手は、あなたの明るさだったり、社交性だったり、こまごまと気を遣ってくれたり、堂々としている部分が好ましいと思って付き合い始めたのに、信頼されたからといってその反対側の暗い、重い部分を見せつづけられたとしたら、複雑な気持ちになります。

最初の頃は、「この人がこうした素の部分をさらけ出してくれるのは、自分だけだから」という使命感によって相手も自分を支えられます。

でも、長期間にわたり、頻度が高くなってくると、「この人を今更突き放せない」という義務感にモヤモヤしながら付き合いつづけることになります。もしそう感じさせているとしたら、それは見せすぎ、さらけ出しすぎのサインです。

対策

「親しき仲にも礼儀あり」ということわざ通り、かくれ繊細さん同士、HSP同士であったとしても、相手への配慮は必要です。大事な人であればあるほど、素を見せないほうがよい部分はなるべく自分で抑えつつ、相手が好きな自分でいてあげようとし合うことが、関係を継続させるカギだと思います。

難しいですが、疲れずに付き合うには、自立した人同士が協力し合うという形である必要があるのです。

かくれ繊細さんが感じるSNSの疲れ

1：SNSの疲れ

「SNS疲れ」で「SNSデトックス」をしようとしている人が増えているそうです。

SNSでストレスや疲れを感じる主な原因やきっかけは、「知りたくない情報まで知ってしまう」「他人の楽しそう／キラキラした投稿を見て自分と比較してしまう」「コミュニケーションの頻度が増えすぎてしまう」などだそう。

そうした現状に共感するかくれ繊細さんは多いかもしれません。

特に、SNSに書き込んだことを後からくよくよ考えて削除したり、自分の投稿への否定的なコメントがすごくつらくてずっとそのコメントのことを考えつづけたりしてしまいます。

それが度重なると、「そんなに非難されるくらいなら、もうやめる！」とせっかく育ててきたアカウントをいきなり閉じてしまいたくなったりします。動揺し、疲れを感じて「ＳＮＳデトックスをしたい！」と思ったかくれ繊細さんの話は枚挙にいとまがありません。

その理由として考えられるのは、かくれ繊細さんは、文字情報から発信者の真意をネガティブにとらえがちだ、ということです。

たとえば、「それはあなたの主観ですよね」という文字情報を見たとします。その時に「突き放された」と感じてしまいやすいのです。ですが、よく読むと実は、相手はただの客観的事実を言っているだけだったりします。

これは、かくれ繊細さんが陥りがちな、「ネガティブな読み間違い」です。かくれ繊細さんは、文字情報だけだと、こうしたネガティブな読み間違いを起こしやすいようです。

ましてや本物のネガティブコメントを見た時は、しばらくＳＮＳを開けなくなり、脳内はそのことでいっぱいでぐるぐる思考が止まらなくなります。

その後、超攻撃的な気分になったり、超抑うつ状態になったりして、普段だったら言わないようなリプライをつけてしまい、つけてしまったリプライについてさらにくよくよ考えつづけてしまいます。くよくよの多重構造を構築していくのです。

この時、「後悔」「恥ずかしさ」「恨み」「悲しみ」「恐怖」がうずまいて、とても疲れます。

対策

文字情報からネガティブな想像に陥ってしまった場合は、相手にさりげなく問いかけてみるとよいです。「コメントくれたよね」といったようにさりげなく、です。

その時の相手の反応から、実は、自分がネガティブに考えすぎていたとわかるかもしれません。

また、心が乱れた時にリプライをつけるのはやめておきましょう。感情にまかせてリプライしてしまうと、そのことで自分がさらなるダメージを負ってしまうためです。

「時間を置いてから」、と唱えてみると即リプライをしてドツボにはまるのを防げるかもしれません。

2：グループトークの疲れ

自分の発信がどう思われるのかを考えすぎて逡巡している時間が長い、というのがかくれ繊細さんのグループトーク疲れです。

書いては消し、前後と見比べてはまた書き直しているのではないでしょうか。

そうこうしているうちに、皆がどんどん発信していて焦ります。

そして皆の発信を見て「え？　こんなんでよかったの？」と、その気軽すぎる発信にまた自分のしようとしている投稿のテンションを変えなきゃと考え始めます。気軽なグループトークのはずなのに、「自分はどのタイミングで、どう発信しよう」と悩むのです。

そして非HSPはきっと、そんなふうには悩まないんだろうなぁなどと考えては落ち込みます。あなたは、心の中で冷や汗をかきながら、書いては消し、書いては消して、最終的には薄ーい発信をして周りの反応がないことに落ち込む、というようなことを繰り返して疲れてはいませんか？

こうなる理由は、かくれ繊細さんが得意とするノンバーバル（非言語）情報が、グループトーク上では伝わりづらいからなんです。

かくれ繊細さんは、ノンバーバルで自分を見せることが得意です。笑顔とか、間合いとか、声の強弱とか勢いとかで、言わんとすることを伝えてきました。でもそれらは、文字中心のグループトークには、どうあっても乗せられません。せいぜい、絵文字とか、語尾を工夫するくらいです。

得意技を封じ込められているという意味では、グループトーク内でのかくれ繊細さんは、羽を使わずに飛ぶようにと言われた鳥みたいなものです。

それでどうしたらよいかわからなくなり「グループトーク、めんどくさい」としか思えなくなってしまいがちです。

対策

自分のペースを守る（たとえば、夜9時以降はグループトークを見ないとか、通知をOFFにするとか）ことができるならば、それもよいのですが、かくれ繊細さんは罪悪感が邪魔をして、なかなか自分のペースを貫きつづけられない傾向があります。

なので、あえて、マイルールを貫くというやり方ではなく、うまく発信をしている人をさりげなく真似る、というやり方が適切であるように感じます。

どんなに気が進まなくても、参加しなければならないグループってどうしてもありますから、うまく立ち回るために真似をしてみてください。

親といると疲れる

かくれ繊細さんは、理想を高くもつ人たちです。

理想が高くてよい面もたくさんあります。たとえば、仕事で評価されたり、円滑な人間関係を維持したりするのに役立ちます。そしてそれと同じように、親にも大きな期待をしてしまいがちで、それが現実の親に対して不満を抱くことに直結します。

その結果、親と一緒にいると疲れると感じるかくれ繊細さんは、多数いらっしゃいます。

たとえば、かくれ繊細さんがもつ親に対する不満は、

1 親に話が通じない

② 親が自分の価値観を押し付ける

の2つです。

1：親に話が通じない

かくれ繊細さんは、親のいずれかがＨＳＰである確率が高いのですが、だからといって必ずしも話が通じるとは限りません。

そして親は子どもに対して、必ずしも親自身の本当の姿をさらけ出し、本音で語ってくれたりするわけではありません。

だから、「親だから立派であるべきだ」という価値観があったり、「子どもはこうあるべき」という考えが先行してしまっている親の場合は、たとえ気質的に同じＨＳＰであったとしても、「親に話が通じない」と感じる場合も少なくありません。

話を聞いてくれない、話が通じないと感じた場合、かくれ繊細さんの中には、親との会話を早々にあきらめて、家族に期待をしなくなる人もいれば、何とか話を伝えたいと強く望んでも、それがかなわないので「なぜわからないんだ」「他の家は親が子どものことをわかってくれているのに」と強い不満を感じつづける人もいます。

前者は、あきらめることで、自分が疲れない選択をしています。後者は、親に自分の理想であってほしいと食い下がっている状態と言えます。

前者は自分のエネルギーを節約していますが、後者はエネルギーをたくさん使うので、とても疲れます。怒るのって、疲れますからね。

2：親が自分の価値観を押し付ける

親の押し付けてきた価値観に従うかくれ繊細さんは、親から吹いてくる強風に無駄な抵抗をせずに、しなやかに吹かれて自分の形を変えます。

そのほうが、親の機嫌も悪くならない上に、自分のエネルギーを使いすぎることがなく、疲れを感じなくていいからなのです。

ところが、この状態をつづけているとだんだん「自分がどうしたいのか」という自分の欲求を感知する感覚が麻痺してきて、親の考えなのか自分の考えなのかがわからなくなってくるんですね。

表面的には親子関係は悪くないので、気付きづらいのですが、かくれ繊細さんの体内には、不満が処置しきれずに蓄積していきます。

疲れないように親の言いなりになる代わりに、自分の思いを無視しつづけている状態と言えます。

反対に、かくれ繊細さんの中には、親の押し付けてくる価値観に猛烈に反発する人たちもいて、この場合は親と不仲です。ですが、実は不仲であることに「これでいいのか？」とモヤモヤし、罪悪感を感じています。

なぜなら、「普通はもっと親と仲がよくあるべき」と、一般的な親子関係を横目で見て、「自分の選択が間違っているのかな」と不安になるためです。

もちろん完璧な親はいないのですが、かくれ繊細さんが親に求めるのは「親として完璧であること」です。

理想の親とは、「子どものことを理解し」て、「子どもの話をよく聞き」、「感情的に流されず、首尾一貫して」おり、「間違った時は謝れる潔さがある」人物で、わが親にはそうであってほしいと思っているのです。

ですが、現実の親は決してそうではありません。

次ページにあるのは、かくれ繊細さんの感受性の幅と、非ＨＳＰの幅を比較した図です。

かくれ繊細さんは、この図の右から左の感受性の幅（ＨＳＰが感じて処理している範囲）のすべてを親に理解してもらいたいと真に願っています。

そして、親なんだから、それができるはずだと思っているのに、現実ではそうではない。それを感じるたびにがっかりしてしまうというのが、かくれ繊細さんが親といて疲れる理由です。

対策

親といて疲れる、というかくれ繊細さんは、この構造を理解しましょう。

「なるほど、だから理解できないんだな」とわかり、お互いの言動の根拠が理解できるようになると、腹が立つことが少なくなります。

自分の中に「ある」ということを自覚しておく

また、どんな時に親に対してイライラモヤモヤするのかを、ご自身を観察して把握しておくとよいです。

イライラした親の言動の反対が、自分の期待です。

たとえば、店員に失礼な態度で接する親を見てイライラするとしたら、あなたは親に「真摯で丁寧な態度をとってほしい」と期待しているということになります。どんな親でいてほしいと思っているのかがわかると、イライラして疲れている理由が腑に落ち、疲れにくくなると思います。

心の底から信頼できる友達がほしいけど、思うようにならなくて疲れる

かくれ繊細さんは、ご自身が深く感じ入っていることを誰かと共有できた時に、深く感動します。

心が震えるような出会い、交流、コミュニケーションができると、文字通り体が震えるんですね。本当のつながりを、肉体という物質が感じとるからです。

そういうすばらしい体験を一度すると、また同じように感動したい、そのために誰かと深くつながりたいと強く求めるのは自然なことで、だから「どこかに深く理解し合える人はいないだろうか？」と探します。

ところが、なかなか見つからないのです。

「この人かな？」と思って仲よくなったとしても、そこまで深くわかり合える人では

ないと途中で気が付いて、がっかりしたり。

または、深く付き合えるという相手とあまりにも仲よくなりすぎて、お互いの領域を侵食してしまい、ちょっとずつ気に障っていたことにある時気が付いて、一気に疎遠になったりします。

この繰り返しに疲れて、「もういいや、心の底から信頼できる友達がほしいけど、無理」とあきらめてしまっていないでしょうか？


自分は周りとちょっと違う、と思いながら、表面上「皆と同じ」という顔をして過ごしている人たち同士は、お互いを見つけ合うことが難しいです。

人口比率が低い上に、表面的にはそういう深さを共有できる人だとわからないように隠して生きている同士だからです。


ましてや、昨今は、「自分はＨＳＰだ」と誰かに言うと、「皆それぞれ苦しんでいるんだ。ことさらＨＳＰだけが苦しいわけではないだろう」という冷たい反応をされてしまう、と言います。

だから表立って、ＨＳＰであるということを言わずに、それでも深くつながれる人を見つけなければならず、それはかなりの至難の技と言わざるを得ません。

対策

かくれ繊細さんにとって、そういう関係をつくれそうな相手としては、

・いやな言い方をしない
・似たような感じ方をする
・利害関係がない（仕事や男女関係がからんでくると、友人関係になりづらい）
・お金の使い方が似ている
・放っておいてくれる、ペースを尊重し合える
・本当に必要な時にはＳＯＳを出せる

があげられます。これらを、ある程度の目安と考えたら、当たりがつけやすいのではないかと思います。

私の場合はかくれ繊細さんの目にとまるよう、自分がかくれ繊細さんであることをSNSで発信しています。

そのため、かくれ繊細さんであるかどうかを確かめる必要がないので助かります。

前述の条件を満たしやすい人たちとダイレクトに話ができるためです。

感動を共有する関係性をつくるのには、SNSで発信してみるというのも1つの手段かと思います。

また、あるかくれ繊細さん（男性）は、ご自身のコミュニティの中の、自分と気が合いそうな人とこぢんまりとつるむということを、人生を通してずっとつづけていると言っていました。コミュニティ全体とまんべんなく交流を深めるのではなく、気が合いそうな人と親しくするというやり方です、と話しておられました。

ただし、コミュニティ全体に反旗を翻したりすることはなく、ただただこぢんまりとつるむのだそうで、とても楽しそうです。

かくれ繊細さん
COLUMN

1

人付き合いの疲れを減らす「断り方」を習得しよう

断るということができるようになる、と言われると、「きつい断り方をしなければならないのでは」とか「いやな感じの人だと思われるのではないか」というマイナス面が気になってしまうかもしれません。

ですが、いやな感じ、きつい人と思われないように断ることはできます。

かくれ繊細さんが誤解しやすいことなのですが、言葉とニュアンスは別、ということを覚えておいていただきたいんです。

どういうことかというと、世の中には「その言葉」が言えたら引きさがってもらえる断りの言葉がある、ということです。

「その言葉」を言われると、相手に「だったら仕方がないな」と思ってもらえるんです。

その言葉とは、「いらない」という言葉です。これを、やさしい言い方に変えるのです。

かくれ繊細さんは、「いらない」を言わずに断ったつもりになってしまっていることに、自身が気が付いていないことがあります。

たとえば、かくれ繊細さんの場合、「どうですか？」となにかを勧められた時、「自分も似たのをもっています」とか「それは、高いですね」のように伝えていませんか？

これは、かくれ繊細さん的には断り文句のつもりなのです。ですが、一般的には断られたと思ってもらえないんです。断りではなく、感想であると受け取られてしまい、もっと勧められるのです。

この違いがなぜ起こるのかというと、かくれ繊細さんは、「その言葉から推測したこと」まで汲みとる、ということを常にやっているからです。

かくれ繊細さん側が「あ、それ、私ももっています」と言われる側だったら、「ああ、なるほど、ならばこれはこの人にはいらないものだな」と相手の言わんとすることを汲み取りますが、非HSPの場合はそうでないことがあります。なので、かくれ繊細さんが「断ったつもり」なのに、相手は断られたとまったく思っていない、ということが起こります。

かくれ繊細さんとしては頑張って断ったはずなのに、相手に伝わらなくて「どうして伝わらないんだろう」とイライラして、言葉で伝えることを放棄して逃げたくなるのです。

本当は、言葉で「いらないです」と伝えれば、それ以上は追いかけられないんですけどね。

相手をいやな気分にさせないようにするため、「いらない」をやさしく伝えるといいです。

そのためには、前置きと語尾を工夫するのが簡単です。たとえば、「あー、そうなんですねー、それはよさそう。だけど、うちに似たようなのがあって、2つはいらないんですよ。なので、すみません」

このセリフの中に「いらない」って入っていましたよね？　これで大丈夫です。断ることができています。

また、このセリフを目で追いながら、脳内で音声で聞こえてきていましたよね？　もしあなたがそのセリフを言う機会があるならば、今脳内で再生したテンポで言えると自然です。


私は、この「いりません」を言えるようになってから、営業の人と割と楽しく話をしつつも、断れるようになりました。「いらない」という言葉を使えばいいだけだとポイントがわかったからです。

そして、この誤解が生じるのは、かくれ繊細さんの先見性、予測力が人より強いからだ、ということに気付きました。毎回、このように断るたびに納得しています。ほんとに「あ、そうですか」と引いてくれるんです。

そのあと「せっかく声かけてくれたのに、すみませんねぇ」とかつけて、ねぎらったりもします。ね、いい感じでしょ？

第3章

自分自身に疲れる

かくれ繊細さんは、よく
「アクセルとブレーキを両方思いきり踏みながら
生きている」と言われます。
この章では、かくれ繊細さんが、
どんな時に、どのようにしてアクセルとブレーキを踏んで
いるのかを見ていきつつ、
疲れない練習をしていきましょう。

かくれ繊細さんは「自分を責める」ので疲れます

かくれ繊細さんの疲れは、単純に「疲れたー」という肉体的なクタクタ感ではありません。肉体的な疲れよりも、考えすぎて起こる「自分責め」による疲れが、肉体的な疲れを上回ることが多いのではないでしょうか。

たとえば、プレゼンなど人前で話す場面があるとしたら、かくれ繊細さんは、失敗する可能性を想定して念入りに準備をします（特に初めての場合は念入りに）。見る人にわかりやすく伝わることを意識して、何度も修正しながら準備をすることでしょう。必然的にプレゼンはそつなく終えることができ、その反応もよいことでしょう。

ですが、そんな時でもかくれ繊細さんの頭の中には、「あの一言を言わなければよかった」「せっかく用意した『つかみ』がうまくいかなかった」「大事なところで噛んでしまった」「緊張して、顔がこわばってしまった」「あの部分は不要だったかもしれない」など、次々と反省点が出てきて、脳内がしばらくぐるぐると渦巻きます。

もし同じ状況の非HSPであれば、「ミスした部分もあるけど、大体うまくいった。問題ない！　上出来！　お疲れ様」と一区切りができる場面です。

なのに、かくれ繊細さんは「自分はこんな小さなミスに対しても自分を責めてばかりだ」と、反省をしている自分に対してまでも反省し、どんどん深みにはまっていきます。

「うまくいったね！」「よかったね」と褒められても、かくれ繊細さんは反省し、自分責めをします。

さらにややこしくしてしまうのは、この後です。

「気にしていない」「悩んでいない」ように周りに見せるのです。

自分を責めつづけながらも、対外的には自分責めしていることをおくびにも出さなくしているため、気にしていないように見えます。そのため、「隠す」というブレーキを必死に踏みつづけながら、「自分がダメだった！」というアクセルをもギューッと踏みつけている状態がつづくので、疲れてしまいます。

このように、95％はうまくいっているのに5％だけうまくいかないような場合、かくれ繊細さんと非HSPとの間では、顕著に疲れ方の差が生じます。

アクセル：小さなミスでも「なんでもっとうまくできなかったんだろう！」とひとり反省会をする。

ブレーキ：ひとり反省会をしていることをひた隠す。

どうしたら、かくれ繊細さんがひとり反省会のしすぎをやめることができるでしょうか？

対策

「ひとり反省会が始まったな」ということを「自分だけは否定せずにいる」ことです。

まずは「ひとり反省会」を否定しないことが大事です。

具体的には、ひとり反省会をしていると認識した瞬間に「あ、ひとり反省会してる！」と、つぶやいてみてください。

この時、注意しなければならないことは、ひとり反省会を「してはいけない」と責めないように言ってみるということです。

自分の中から、ひとり反省会をしていることは間違っていない、という反応が得られたら、反省したいこと（5％に該当すること）について1つピックアップしてみましょう。

たとえば、「つかみがうまく言えなかった」という件について取り上げるとするならば、「つかみをうまく言えなかったってことで、『もったいない、もっとできたのに』って自分を責めたくなるよなぁ。自分ならもっとできるのにって、思ってるもんな」というように、自分がなにをどう感じているのかを言葉にしてみてください。

イメージとしては、ひとり反省会をしている自分の隣に、なんでも話を聞いてくれる、でも余計なアドバイスはしない人が座っていて、言うことをただただ聞いてもらうスタイルです。このようにして自分の気持ちを整理していけるといいです。

こうすると、自分を責めすぎて疲れる、が解消しやすくなると思います（精神的な病気を患っている方や、途中でつらくなった場合は、取り組みをしないようにしてください）。

元気な時に調子に乗っている自分を、後から責めて落ち込む

かくれ繊細さんは、元気な時、やる気がある時は、いきいきと話をする人たちであると思います。人と会うのも嫌いじゃないし、誰かと一緒に楽しく過ごすことも好きかと思います。

でも、そういう時につい、「行きすぎた発言」をしてしまうことはありませんか。「言わなければよかった」と反省する事態を、かくれ繊細さんは招きがちです。

それらは、あなたのサービス精神の表れですから、決して悪いことではありません。その社交性や楽しく和やかな雰囲気をつくるあなたの、素敵な力であることは間違いがありません。そのサービス精神を愛でたり褒めてくれる人だって大勢いるはずです。

なのに、**あなた自身が「どうしてあんなことを言ってしまったんだろう」と、誰よ**

りもくよくよ悔やみ、責めます。

これは、かくれ繊細さんが他人の表情がよく見えるという特徴があるからこそ、起こる現象です。

どう言ったら、目の前にいる人（たち）に喜んでもらえるだろうかというところに、自然と気が付くからです。気が付く上に、その人の機嫌のよい顔を見たくて、つい「もっと盛り上げること」を言いがちです。

でも、言ったものの、そんな自分にダメ出しし、止めに入っていきます。

自分で盛り上げておいて、自分でその盛り上がりを冷やす、ということが起こります。

この「止めに入る」ということが、なぜ起こるのかというと、かくれ繊細さんがうかれて調子に乗ってしまわないためのブレーキ役が必要だからです。

このブレーキ役は、あなたのおそらく幼い頃から、調子に乗った時（これが「アクセル」です）に、痛い目にあった経験からつくられたものです。

アクセルをふかしすぎて誰かに戒《いまし》められたり、自分が猛烈に恥ずかしくなったという経験があったためです。その時の猛烈に恥ずかしいという痛みを体が覚えているので、もう二度とそういう体験をしないために、ブレーキをかけてくれる力も、あなたの体に備え付けられています。

つまりアクセルが強く踏まれる（調子に乗る）やいなや、ブレーキ（自分を止める、ダメ出しをする）も踏まれるようになっているのです。かくれ繊細さんのアクセルとブレーキは、自動的に稼働するんですね。

かくれ繊細さんの場合はそのどちらも強い力ですから、両方いっぺんに踏み込まれると簡単に疲れてしまうのです。

アクセル：サービス精神を発揮。「皆と楽しくしていたい！　自分が楽しませる！」
ブレーキ：自分をたしなめる。「だからあなたはダメなのよ！」

対策

サービス精神は、悪いものではありません。
あなたの人の好《よ》さ、明るさ、楽しさ、慈しみの気持ち、愛情深さから発生しているもので、そういうあなたの一面を好きだと言ってくれる人も必ずいるはずです。
アクセルを踏み込んでいる時にその勢いを止めたくなくて、ついついアクセルを全開にしがちですが、楽しい気分の時、止めようとしにくる力を確認してみましょう。

かくれ繊細さんのサービス精神は、なくなりませんし、それを止めにくる力もなくなりません。そのどちらもなくすことは不可能ですから、あなたのその旺盛なサービス精神を「ダメなもの」と否定してしまわないようにして、受け入れていくようにしてみましょう。

アクセルを踏んでいるあなたと、ブレーキを踏んでいるあなた、両方あっていいんだと思えると、疲れにくくなってくるかと思います。

先延ばしする自分のお尻をたたきつづけて疲れる

かくれ繊細さんから、「なにかやろうとしても、なにをしたらいいのかわからない」「やるべきことにたどり着けない」「なにかを頑張って、成し遂げたい」というご相談をいただきます。たくさんのかくれ繊細さんからこうしたお話をうかがいますので、「なにかを成し遂げたい」という意欲がとても強い人たちだと感じます。

私自身、成し遂げたいという意欲はすごく強い一方で、時間を無駄にしてだらだらと先延ばしにしたり、めんどくさがって言い訳をしがちなのですが、そういう自分を、ダメだなぁ、めんどくさがりだなぁ、と感じます。

よく「実際に手と足を動かさずに、想像したことがそのまま行動につながっていたらいいのに」と考えてしまいます（そんな想像、しますよね?）。

ところが一方で、かくれ繊細さんは、やることが明確で、かつ不安がない場合に限っては、ドーンとそのことに没入し、脅威の集中力を発揮します。「超集中モード」です。フロー状態とか、○○ハイのようにも呼ばれる状態です。

この超集中モードは、没頭していて仕事が速く、さらには通常モードでは思いつかないようなすばらしいアイディアを思いついたりもします。そのような時はきっと、脳の中でたくさんの脳細胞が手をつなぎ合って、シナプスを通して超高速で多方面に情報を受け渡ししているのだろうと想像しています。

かくれ繊細さんは、己のそうした「無敵状態」を知っていると思います。なので、なにかを成し遂げようとした時に、超集中モードに自分はなれるはずだ、いや、なるべきだ、と考えています。

ところが、都合よくそのモードになることができなくて、苦しむのです。実は、かくれ繊細さんが超集中モードになるには、いくつかのお膳立てが必要です。

対策

かくれ繊細さんは、やる気スイッチが2つある人たちで、超集中モードに入るためには、そのスイッチを2つともONにしないといけません。

1つめは、物理的スイッチです。静かすぎず、適度な緊張感があり、徐々に1人で集中できるようになる環境設定です。空腹感やトイレに行きたいかなど、体の状態のコントロールも、適度な範囲に収まっている必要があります。

超集中モードになるための2つめのスイッチは、脳内イメージのコントロールです。「これをやったら○○さんが××って言いそう」「△△と思われそう」など、ネガティブな脳内イメージがない状態です。ネガティブなイメージがなければ、行動が抑制されず、やる気スイッチが入ります。

この2つのやる気スイッチが入ると、超集中モードに入れます。

ですから、スイッチが入りやすいような自分の癖を見つけておくと、かくれ繊細さんは超集中モードというすごい能力を生かすことができます。

たとえば、会社や職場にいると、やる気スイッチが入りやすいと感じるかと思いますが、それは2つのスイッチが入るように設定されているからです。

人が周りにいることもかくれ繊細さんにとっては重要で、なぜならかくれ繊細さんは、人の目が適度にある環境で、人が期待する行動をとることが得意だからです。誰かが見てくれている（コーチ、先生などの監督者がいる）環境は、没入しやすい環境設定と言えます。

アクセル：物理的スイッチ、脳内イメージのコントロールスイッチをONにしたい。
ブレーキ：ONにできない自分はダメな人間だ、と感じる。

その反面、かくれ繊細さんが没入できない、集中できないとしたらそれは、2つのスイッチのうちのどちらかが入っていない時です。

こんな時は、物理的スイッチ、脳内イメージのコントロールスイッチを入れやすくする工夫をするとよいです。

たとえば、1つめの物理的スイッチを入れやすくするには、緊張しすぎない環境や、おなかがすきすぎないようにするなど生理的な環境設定をするとよいですし、その上で自分の行動を監督してくれるコーチを探すとか、一緒に達成に向かって行動してくれる仲間を探す、などができるとてもよいです。

そして、２つめの脳内イメージのコントロールスイッチを入れるには、誰にどんなふうにネガティブに思われていると自分が感じているのか、を確認してみるとよいですね。

あるかくれ繊細さんは職場で集中できず、気持ちが乱れて困っていました。ですが、気持ちが乱れている時に自分の脳内で、「私だけ学歴が皆よりも低いから仲間外れにされてると思っているんだ」と気付いたのです。それが明らかになってからは、ネガティブな脳内イメージによってかき乱されることが少なくなり、明らかに集中しやすくなっていきました。

なので、かくれ繊細さんが集中するには、ネガティブな脳内イメージを把握することがとても有効です。

シャカリキに動きすぎる自分に疲れる

アクセル：行動しよう！
ブレーキ：不安だ！

かくれ繊細さんは、行動する意欲が強い人たちなのですが、同時に強い恐怖心もあります。

行動しようとすると無意識に予測が立ちます。その予測がリアルなので、不安になったり恐怖を感じたりするのです。そのせいで行動にブレーキをかけてしまいがちです。

ところが、「怖くてもやらなくてはならない」とも思っているので、行動にブレーキをかけた自分を責め始めます。かくれ繊細さんは、「誰もが怖いのに我慢しているんだ」と思っているからです。

たとえ怖くて震えていても、皆も同じように怖さを我慢してやっていることなんだから自分もやらなければならない、と自分を頑張らせます。ですが、かくれ繊細さんの予測力はすごくて、不安や恐怖を普通よりも強く感じやすいのです。リアルな恐怖映画を見ると、リアルでない恐怖映画よりも怖いですよね。それと同じで、脳内でリアルな恐怖映画を見て恐怖を強く感じているのが、かくれ繊細さんなのです。

その様子は、小さい子どもが夜中に怖くてトイレに行けなくなる姿に似ています。どんなに大人が「平気だから」「怖くないよ」と言ったって、本人の頭の中では、怖いものが暗闇に潜んでいるのです。

かくれ繊細さんはその子どもみたいに、脳内で怖い場面を強くリアルに思い描きます。だから「怖いよー」と、行動にブレーキをギューッとかけます。

つまり、かくれ繊細さんが行動したいのに行動できない理由は、脳内で予測している映像によって、不安や恐怖を感じやすいからなのです。

でももしかしたら、かくれ繊細さんは自分自身を、「慎重すぎる性格なんだ」「だから行動できないんだ」と性格のせいだと思い込んでいるかもしれません。本当は脳内で予測映像を見ているから、予測映像がストッパーになっているのに、そうとは知らずに「慎重な性格」と思っているかもしれないのです。

行動したい、なのにできない。そんな時、かくれ繊細さんは不安です。自分は前進できていないのに、周りの人たちは前進している、その差を目の当たりにして劣等感を感じることにいたたまれなくなります。時間を無為にしていることへの罪悪感にもさいなまれることでしょう。

そうした不安感情を起こさないようにするために手あたり次第に行動して、払拭しようとしているのかもしれません。

たとえば、「目先を変える」「今の不安を断ち切る」という目的で旅に出たり、高めの目標設定をしてモチベーションを上げようとしたり、過去に原因を求めてカウンセングを受けたり、瞑想やスピリチュアルに走ったりするかもしれません。

私も、すがるような気持ちでこれらのことをやっていた時期がありました。やってみると、脳内の不安は解消するので「行動すれば不安は解消する」というやり方を採用しつづけます。新しい情報の波にもまれつづけるのです。

かくれ繊細さんは、不安なままで過ごすのに耐えがたく、疲れても疲れても行動しつづけてしまい、その結果、へとへとになってしまいます。疲れますが、不安や恐怖に脅かされるよりも、行動して紛らわすことができているほうがまだマシなのです。

ですが、その疲れは、不安や恐怖を誤魔化すために行動している、とわかるようになれば、やみくもにがむしゃらに行動しなくてもよくなります。

かくれ繊細さんの脳内で予測して怖くなってしまうしくみを知ることで、対応できるようになります。とはいえ、きっと、かくれ繊細さんは、「不安を打ち消すために行動している」とは思いたくないのです。それが、かくれ繊細さんの「行動して疲れすぎる」ことに関するアクセルとブレーキなのです。

対策

ここでやってみていただきたいのは、疲れるまでがむしゃらに動いてしまうのは、

「自分がなにを予測してしまったからか」を知ることです。

それが突破口になります。

たとえば、ただがむしゃらに仕事をしつづけてしまっているとしたら、それは「なにかから目をそらすためなのではないか？」と視点を変えてみてください。

もしかしたら、「家に帰ることが不都合」だから仕事をしつづけているのかもしれないし、「混んでいる時間帯に電車に乗りたくない」からかもしれないし、「上司にばかにされたくない」からかもしれません。

あなたのがむしゃらさには、別の理由があるのではないか、とさぐって不安の理由がわかったら、「そうだよな、それが不安だったんだよな」と、共感できます。そうすると、不安が原因でしゃかりきに疲れるまで動きつづけるのをやめることができる可能性が高まります。

また、その不安の原因を解消するための別の方法（誰かに頼むとか、時期をずらすとか、使うツールを変える、など）を編み出すこともできます。

やりたいことをやっているはずなのに満足できなくて焦り、疲れる

アクセル：やりたいことをしている。
ブレーキ：今やっていることが本当にやりたいことなのか？
もっと他にあるんじゃないか？　これでいいのか？と疑う。

かくれ繊細さんの困ることの1つに、「『それでよし』と思えない」があります。

満足していい場面なのに、満足していい状況なのに、「これで満足してはいけない」と自分にはっぱをかけるのです。

さらには、はっぱをかけて自分を頑張らせていても、「これで合ってる？」「ほんとはもっと他にやるべきことがあるんじゃないか？」と疑うのです。

そうしたことを繰り返しては「自分はなにをしても満足できない」と自分にダメ出

しします。

私はお店を経営していた期間があります。お店の経営は順調でした。忙しかったので、きっといきいきとしているようにも見えたかと思います。

周囲から「すごいね」と褒めていただくことも多くて、順風満帆でした。ところが、どんなに忙しくても、どんなに褒められても、どんなに売り上げが上がっても、あるものを見るといつも焦燥感と不安が湧き上がり、言われえぬざらざらした感情がなかなか消えませんでした。

あるものとは、お客様でした。

子ども用品を扱っていたので、来店されるのは同世代の女性が多かったのですが、彼女たちはとてもゆったりと、楽しそうにしていました。その、自信をもって生活している様子に比べて、自分はいつもせこせこと動き回り、絶えず考え、反省し、ダメ出ししていました。「もっと、もっと」と自分を頑張らせていました。

周囲から見たらうまくいっているのに、敗北感がありました。

やりたいことをやっているはず。なのに、「本当にこれが自分がやりたかったことなのか？」と疑って、焦り、修正してみてはまた落ち込む、という試行錯誤の繰り返しで、知らず知らずのうちに疲れていたのでしょう。

時々、蕁麻疹《じんましん》を発症したり、寝込んだりもしました。

いま思えば、彼女たちとは「満足の基準」が違っていたのです。

私は、100のうち1の未達ポイントが気になって、そこを改善しようとやっきになって対策してしまいます。それに対して、お客様たちは、100のうち70ができたら「いいね、よくやってるよね」と思える。相対的な出来は私のほうがよくても、その出来に対する自分の満足度は、圧倒的に低いのです。

当時は、そのことに気付くことができませんでした。100のうち1のミスを責めていつもヒリヒリとした気持ちでいる自分を彼女たちと比べて、勝手に敗北感を感じているのですから。お客様たちがひそかに羨ましく、妬《ねた》ましかったのです。

対策

これは一例ですが、かくれ繊細さんは、思ったようにやりたいことをやっているはずなのに、そして出来はいいはずなのに、そのことに満足できない。そのせいで、焦って疲弊しています。

もう1つ、かくれ繊細さんが満足感を得づらい理由には、「1つのことだけを追いかけて生きる」ことが難しいという点もあげられます。

かくれ繊細さんは、あちこちに目が向きがちで、1つのことだけでは飽きてしまいます。適度な刺激を受けることを求めつづけるのです。だから、なにか1つのことから視点がどんどん広がって派生していく時に、充実感を感じるのではないかと思います。

あちこち目移りしてしまう自分を真っ先に自分が否定する。その繰り返しにも疲れてしまうのです。

たとえば、「『今年こそインスタ始めよう。バイオリンやってみたい。ダンス習いたい』と意気込んでも、『今更インスタ？　そもそも伝えたいこともない。バイオリンやダンスやってなんになるの？　お金にもならないし……。もうとっくに上手な人は何万といる！』と、気落ちします。好奇心が強くてやりたいことはどんどん浮かびますが、行動がまったく伴わないのです。それで、すごく悲しくなります」という悩みをうかがうことがあります。

この焦りを解消するには、「もうこれくらいで満足しておくべきだ」という世間の声を真に受けるのはやめましょう。他者が否定しても、自分の心の中では「これがやりたい」という気持ちを守っておいてもよいのだと思ってください。

また、他人との比較をやめることも必須です。比較してしまう人が目に入らないように、積極的にバリアを張り、目隠しをするようにしてください。そうでないと、目ざといかくれ繊細さんの目には、他人の成果がどんどん飛び込んできて、ペースを崩してしまうからです。

瞑想やヨガのような普通のリラックス法では疲れがとれない

アクセル：ちゃんと休みたい、癒されたい。
ブレーキ：癒されないのは普通のリラックス法が役に立たないから。

リラックス法って、世の中にごまんとあります。

そして、「とても楽になりました」「癒されました」という賞賛の声がたくさん寄せられています。でも、人気の先生に習っていても、売れまくっている本の真似をしても、高額の講座に通ってみても、癒されない。

もしかしたら、長くつづければ癒されるのかも、とか、本当のやすらぎが手に入る日がくるかもしれないから、もう少し我慢してつづけてみようと思っているかもしれません。

でも、そうじゃないんです。かくれ繊細さんがリラックスできないのは、そもそも非HSPさんとは「意識の置き場所が異なっているため」なのです。

非HSPとかくれ繊細さんの意識の置き場所が違うとは、どういうことなのでしょう？

かくれ繊細さんは察知することが得意です。

それはどうしてかというと、常日頃から自分の体の外に意識を飛び出させて、周りの情報を無意識のうちにとりに行き、小さな違和感を感知しているためです。

かくれ繊細さんは、いつもいち早く情報を察知するために意識を外に出しているので、外の違和感を感知してしまいます。

人が休めてリラックスしている状態とは、外の違和感を感知する必要のない状態です。ですが、かくれ繊細さんはいつも意識を外に出しています。

そのため、かくれ繊細さんは意識の構造的にどうしてもリラックスしづらいのです。ちゃんと癒されたい、休みたい、リラックスしたいと思っても、そうしづらいしくみをもっていると言えます。

非HSP（人口の約80%）

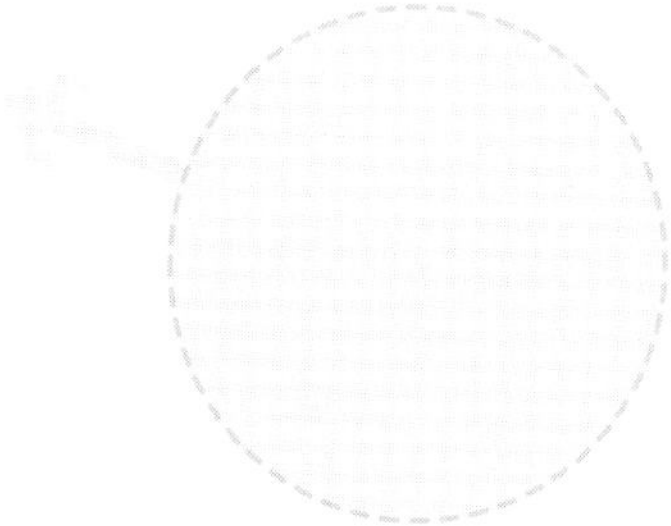

必要な時にそのものに対して
注意を向ける

かくれ繊細さん（HSS型HSP）

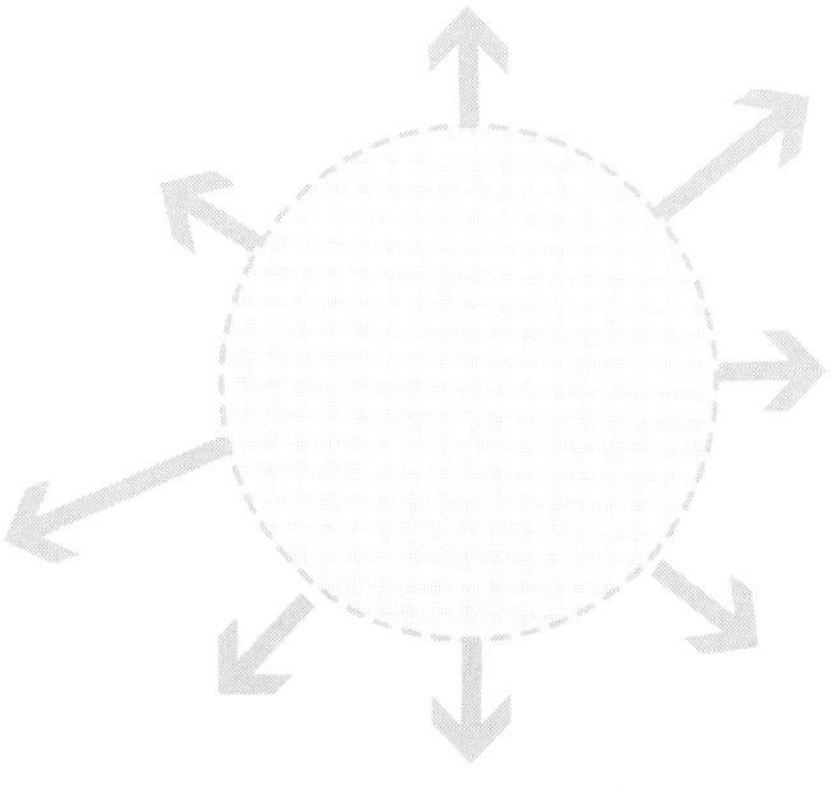

常時、外に注意を向けて
情報収集をしている

対策

かく れ繊細さんがリラックスするには、外にある意識を、自分の中に戻すことが必要です。

が、そのことを知らないまま非ＨＳＰの人たちと同じように癒されようとすると、同じようにやろうとしてもできなくて、焦ることになります。

「皆（非ＨＳＰ）はできているのに、自分はすんなりとはできない」と周りを見て、できている皆と自分を比較してしまうためです。焦ると、さらにリラックスできなくなります。

そしてかくれ繊細さんは、「なぜ皆はそんなにすんなりと瞑想やヨガの世界に入っていけるのか」と、自分をリラックスさせようと頑張ります。

頑張っているのに思ったようにリラックスしないことをふがいなく感じ、動揺し、ネガティブな感情が山のように湧き上がってきます。

そうなればもう、「できたフリ」をするしかなくなるのです。

幸いなことに、かくれ繊細さんは、「できたフリ」には慣れており、周りに気付かれずにできたフリをつづけてことなきを得てきたことでしょう。

ですが、リラックスできているフリをすればする程、肝心の「癒される」「休む」「リラックスする」という状態からは遠ざかります。そして「自分はヨガや瞑想が苦手なんだ」と結論づけてしまうのです。

でも、違うんです。本当は苦手なのではなく、そもそも意識の場所が非ＨＳＰとは異なっている、ということを知らなかっただけなのです。

だから、たとえば瞑想やヨガでリラックスを手に入れようと思ったら、２つのことを意識してみてください。

① 外界の刺激を受けないように目を閉じ、１人で取り組むこと（人といると、自動的に比べてしまうためです）。

② それから、自分の皮膚の内側に、その意識を取り込むようにイメージします。

この2つのステップができると、瞑想でもヨガでも精神統一でもできるようになり、完全なリラックスを手に入れることができます。ただ、それは、意識の構造上長つづきはしません。

かくれ繊細さんがリラックスを手に入れるためには、非HSPさんとの意識の構造の違いを理解することと、意識を集中してから自分の体の中に戻すイメージをもつことが大切なのです。

アクセルとブレーキで疲れるのを終わらせるワーク

この章では、かくれ繊細さんの心の中に現れるアクセルとブレーキで、よく出てくるものを見ていただきました。

ですから、両方の方向に引っ張られて、エネルギーばかり使ってしまい疲れてしまうのですね。

「めんどうだなぁ」と思った時、「もっと頑張れよ！」という対照的な思いが現れます。それが、かくれ繊細さんの複雑さで、「どちらが正しいんだ？」「どちらを選ぶべきなんだ？」とわからなくなるようです。

この時、実はアクセルとブレーキのどちらかを選択するのではなく、その両方を受け入れると、かくれ繊細さんが「選べなくて疲れる」のを防げるんです。

そのことが体感できるワークをご紹介します。

ここでのアクセルとブレーキには、「もっと頑張れよ！」と「めんどうだなぁ」を当てはめて試してみたいと思います。

WORK

1：アクセル側「もっと頑張れよ！」と言っている自分は、誰みたいでしょうか？

キャラクターを当てはめてみましょう。

男性ですか？　女性ですか？

応援団長みたいな応援の仕方をしていますか？　それとも、そっと応援してくれていますか？

誰か、ぴったりなキャラクターが思い浮かぶようであれば、そのキャラクターを想定するのもよいです。知り合いや家族などを当てはめてもよいです。自由に設定してみましょう。

2：ブレーキ側「めんどうだなぁ」と言っている自分は、誰みたいでしょうか？

「めんどうだなぁ」とごろごろと畳に寝転がっている自分の姿が思い浮かびますか？

または、ブレーキをかけそうな他人やフィクションのキャラクターが思い浮かぶかもしれません。

3：両方をイメージできたところで、その両方を、あなたはどれくらい好きかを数値で表してみてください。

10点満点で、アクセル側の人物には10点だけど、ブレーキ側の人物には1点、のように差があると思います。

4：好きじゃないな、と感じる側のキャラクターを、あなた自身はどんな目つきで見ているかを確認してください。

もしかしたら、汚いものを見るような目つきだったり、蔑《さげす》むような目つきだったりするかもしれません。

5：「好きじゃない、と感じている、蔑んだ目つきで見ている自分のままでいい」と小さな声で自分にブツブツつぶやいてみてください。

その時、好きじゃないと感じる人物を「好きじゃないこと」を許すことができたら、このワークは終了です。

これは一方のキャラクターを無理やり好きになるのではなく、好きになれないということを認めるワークです。

これができると、自分のどのような感情も受け入れやすくなっていきます。すると段々と、アクセルとブレーキのどちらかを選択するのではなく、その両方を受け入れ、疲れにくくなります。なお、このワークは、精神的な病をおもちの方は取り組まないようお願いいたします。また、ワーク中つらいと感じたら、即座に停止してください。

この章では、自分自身に感じる疲れについて6つの事例をご紹介しました。

そして、かくれ繊細さんが、ご自身の疲れをコントロールすることができるようになるための基本のワークをご紹介しました。

第4章

仕事に疲れる

かくれ繊細さんは、
風通しのよい職場、
気持ちの通じる職場を目指す一方で、
仕事で認められたい、力を発揮したい、そして稼ぎたい、
とも思っていることでしょう。
この章では、そんなかくれ繊細さんの仕事での疲れを、
様々な角度から見ていきます。

仕事を任されると頼られてうれしい反面、引き受けすぎて疲れる

かくれ繊細さんは、先見性があったり、意欲的だったり、皆が苦手だと思うことを引き受けてくれたりするので、仕事で頼られやすい人ではないかと思います。

人に頼られると、素直にとてもうれしくて、だから、少しめんどうなことも引き受けてしまったりもしませんか？

かくれ繊細さんは、先々のことを見通して予測しながら物事を見ている上に、新しい刺激がほしい人たちです。上長からすると、やったことがないことを「めんどくさい」と感じるのではなく、「新しいことにチャレンジできるのがうれしい」と目を輝かせる人がいたら、その人に仕事を任せたくなるものです。

それはつまり、仕事の幅が広がることを楽しんでくれる人であるといえます。チャ

レンジングなテーマを任せてみたい人材と上長には認識されているのではないかと思います。そういう点も、かくれ繊細さんが頼られる理由の1つかもしれません。

かくれ繊細さん側としても、「やったことがないことをしてみたい」という知識欲、チャレンジ欲が満たされるので、やってみたいと思うことでしょう。


とは言え、頼られて仕事が増えつづけると、かくれ繊細さんにとってよいことばかりではなくなります。

実はかくれ繊細さんは、先行きの見積りが少し甘いところがある人たちなんです。なので、「きっとやれると思う」というアバウトな時間の見積りをして、「いっちゃえ！」と自分にゴーサインを出してしまいやすいのです。

それゆえ、実際に稼働し始めるとキャパオーバーになってしまうと思います。


決していい加減な気持ちで引き受けたわけではないことは、本人だからわかっています。「もっとよく調べてから答えを出したい」という誠実さもあるし、「真に役立つものになったと納得したものを提出したい」という責任感の強さやこだわり、さらには「おもしろいから、もっともっとこの先を突き詰めたい」という好奇心の旺盛さ、などがないまぜになり、当初見込んでいた時間が、大幅にかさんでしまいます。

決して無責任に飛びついたわけではないのです。

誠実さ、責任感、好奇心旺盛さを追求すると、かくれ繊細さんは楽しくて、「もっとこの楽しいことをしていたい」のですが、それでは物事はストレートには運ばなくなります。仕事には確実にタイムリミットが設定されています。その楽しさとタイムリミットの板挟みになることもあります。


仕事を任されると楽しくてもっと突き詰めたくなり、引き受けすぎてキャパオーバーになって、そのまま休まずに走りつづけてしまい、いきなり気持ちが切れる、ということもあると思います。焦って、とても疲れてしまうのです。


それだけではありません。

思ったよりもよい成果が出なかったり、全体進捗のコントロールがうまくいかなかったりするたびに、がっかりしてしまいますが、がっかりしているように見せないように気を張りつづけるので、うまく緩急をつけられなくなり、知らず知らずのうちに体力を使いきっていたりすることもあります。

かくれ繊細さんの感情は、思ったほど成果が上がらなくてがっかりすると、大きく心身に影響してしまい、「もういいや」と全部を投げ打ってしまいたくなるほどの疲れにつながることもあります。

対策

このような状況でも、かくれ繊細さんが、疲れを大きくしすぎないようにするには、2点のことに気を付けるとよいです。

①引き受けすぎない

引き受けすぎてしまうのは、「自分が頑張ればどうにかなる」という作業工数やエネルギー量の見積りの甘さが原因です。

たとえば、あるかくれ繊細Aさんは、頼まれると断れなくて困っていました。

Aさんには、仕事をそれ以上引き受けないほうがよさそうだと思った時のためのセリフを用意しておくようにアドバイスしました。

「やりたいんだけど、○○頃ならできるかもなので、その時に困っていたらまた聞いてくださいますか?」「アドバイスくらいならできるかもしれないので、時々声をかけてほしい」「自分、見積りが甘いんで、すぐパンクしちゃうんですよね。時々見かねたら注意してもらえたらありがたいです」といったように。

②人に仕事を振り分ける

かくれ繊細さんには、人に仕事を振り分けるスキルが必須です。

もし人に振り分けるのが苦手なのであれば、「いやだったら断っていいですよ」という前振りをしてから伝えるとか、仕事の全体量を伝えてから、「この部分だけやってほしいんだけど」と伝えるなど、伝え方の工夫をすると、仕事を振り分けることの苦痛が減るかもしれません。

仕事の失敗がかなり尾を引く

仕事でミスをしたり、確認が甘くて周りに迷惑をかけたりすることは、誰にでもあることかと思います。

ですが、かくれ繊細さんの場合、そうした「自分のせいで起きたミス」を自分の中でどんどん大きくしてしまい、「取り返しがつかないミス」のように感じて罪悪感や恥ずかしさでいっぱいになったりします。

周りの人たちが「そこまでのミスじゃない」と思っている場合でも、です。

この、「ミスをした時に自分の感じる罪悪感の大きさ」と「周囲がそのミスについて感じる認識」とのギャップは、かくれ繊細さんが驚くくらい違います。

かくれ繊細さん自身は、自分のミスを取り返しがつかないもののように感じているのに、周囲の人たちは「日常的に起こること」であると感じています。

ミス以外にも、かくれ繊細さんと一般的な感覚の違いで言えば、たとえば、前の日に言い争った相手が、今日になったら何事もなかったかのように「おはよう」と挨拶してくる、ということがあります。

昨日、あんなに険悪だったのに、今日は普通に挨拶してきているそのメンタリティに、かくれ繊細さんは仰天します。

かくれ繊細さんは、その言い争いのあと、ずっと不快感を引きずっていて、相手の非を脳内であげつらってみたり、自分のなにが悪かったんだろうと罪悪感に押しつぶされそうになってぐるぐるしていたというのに、相手にとっては「そんなことあったっけ」ぐらいの出来事だったという認識の違いが起こった時、かくれ繊細さんにとっては驚きでしかありません。

逆に、非HSPからしてみたら「なんでそんなに引きずるの?」「なんでそんなに気にするの?」と不思議に思うようです。

また、かくれ繊細さんにとっては、完全に言い争っているようにしか見えないのに、当人同士は「話し合ってるだけ」ということがあります。

かくれ繊細さんは、語気強く意見を言っている様子を見ると、「攻撃している」と認識しやすいのです。

これはおそらく、かくれ繊細さんは、ものの言い方がきつかったり語気を強めに話しているのを見るだけで「相手を攻撃している、苦手だな」と認識するからなのだろうと思います。

だから、かくれ繊細さんには、すごくやさしい話し方をする人が多いのでしょう。声の出し方も、音を口の中で1回丸めてから口の外に出すような話し方をする人が、かくれ繊細さんには多い、と感じます。

こうした非HSPとの認識の違いが起こるのは、かくれ繊細さんが否定的な感情に特に敏感であるためと考えられます。

ミスをした時に罪悪感を大きく感じてしまうかくれ繊細さんが、仕事でミスをしたとしたら、否定的な感情とショックの連鎖が起こります。

ミスをしたことを認めたくないし、否定的な感情が起きていることで動揺してしまいますし、否定的な感情に立ち止まってしまっている自分自身を、責め、奮い立たせようとします。さらに、周囲の人の目も気になります。

「こんなミスをした自分をダメな奴だと思ってるんだろうな」といたたまれなくなり、恥ずかしさと罪悪感で顔を上げられなくなります。体が硬直して、反応が悪くなり、柔軟性を失い、様々な感情でぐるぐる巻きになって、たった1つのミスで、にっちもさっちもいかなくなってしまう。かくれ繊細さんが仕事をしていれば、何度かは体験したことがあるのではないでしょうか。

かくれ繊細さんは、そうした仕事での失敗がかなり尾を引いてしまいやすいのです。

周囲から見たら、本当に些細なことである場合も多いのに、です。

態度としては、「それほどのことではない」と飄々《ひょうひょう》と、淡々としたふるまいを貫くこととは思います。けれど、内心はもう、猛烈にひやひやドキドキはらはらしています。

しかし、表向きは、堂々と、悠々と微笑んでいます。その微笑みは、失敗しても余裕があるということを示すためのものです。

かくれ繊細さんはミスに弱いからこそ、ミスをした時、その焦りや混乱が外にばれないようにすごく気を付けてもいるのです。

そして、内心の焦りと、外側のポーカーフェイスのギャップは肉体的にも精神的にもきつくて耐えがたいので、「もう二度とミスをしないようにする」と、覚悟を決めます。ミスを絶対に回避したいので、慎重に仕事をするように気を付けますし、極端すぎるくらいの完璧主義に偏っていくこともあると思います。

本当は、細かなチェックや、確実な正確性などは苦手なのに、ミスを避けるために完璧を目指すのですね。かくれ繊細さんは完璧主義なのではなく、ミス回避のために完璧にしなければならなくなっているのです。だから、肩に力を入れて「ミスをしないように気を張っている」ので、人の何倍も疲れるんです。

対策

かくれ繊細さんはミスに対して深刻になりすぎてしまうので、そこから気持ちを切り離すための、気楽に使える切り替える方法を知っておくといいです。

もしミスしないように肩に力が入ってしまっていたら、「ああ、ミスしないように気を付けてるんだなー、自分」と客観的な視点をもつようにしてみてください。

私も、そういう時は目をつぶって「頑張ってるなぁ」と、自分に声をかけるという簡単な手当てをするようにしています。

1つ気を付けていただきたいのは、「ミスをしてもいいんだよ」という励まし的な言葉がけを自分にするのは、かくれ繊細さんにはあまり向かないと思います。一般的には有効なのですが、励ますのはほどほどがよいと思います。

周囲の人のがっかりした表情に罪悪感を感じすぎて疲れる

かくれ繊細さんは、人を驚かせることが好きな人たちだと思います。皆で笑い合いたいし、そんなふうにできたら幸せそうだなと思うから、皆が喜びそうなことをこっそり企画してはサプライズっぽく喜んでもらう。そんなことを考えただけで、うきうきしてしまいます。

皆が驚いたり、喜んだりしてくれるような新しい企画やイベントを、かくれ繊細さんが言い出しっぺになって始めることもあることでしょう。「今度、○○で集まろうよ」とか「今度、このメンバーでまたごはん食べにいかない?」とか、「××っていう素敵なところにこの前行ってみたんだけど、次、皆で行かない?」など。

そうした提案は、「ああ、ここに△△さんを連れてきてあげたら、きっといい顔で喜んでくれるんだろうな」と想像するところから始まるものだろうと思うんです。楽しい企画の出発点は、かくれ繊細さんの脳内で、△△さんが喜んでくれている笑顔なんですね。

人の喜ぶ顔、驚いてはじけたような笑顔を見たい。

それが、かくれ繊細さんの喜びであり、モチベーションだから、かくれ繊細さんは人を驚かせること、喜ばせることが好きなんだろうなと思うんです。

そしてその脳内で始まったイベントを、「現実にできたらいいだろうな」という思いから言い出しっぺになってしまうということが、これまでにもあったのではないでしょうか？

そんなかくれ繊細さんだから、なにが一番ショックかといったら、人をがっかりさせてしまうことです。

職場であっても、誰かにがっかりされてしまうことは、かくれ繊細さんにはしんどい出来事です。

かくれ繊細さんは、「間《ま》」をつくることを嫌う傾向があります。間ができないように、絶えず話しかけたり、相槌を打つのです。それは、その場の空気を和ませますし、明るい場にする効果がありますし、かくれ繊細さんにとってもメリットがあって、その場にいる人ががっかりする表情を見なくてすみます。

誰かをがっかりさせた自分に落胆したくないし、落胆している自分の表情を周囲に知られたくもありません。

「間をつくらない」など、人をがっかりさせまいとする配慮は、自然にやっていることとはいえ、かくれ繊細さんにとってはやはり疲れるのです。

対策

そういう時、かくれ繊細さんは、「自分を大事にする」といいです。

誰かをがっかりさせてしまったことにがっかりしている自分自身をいたわることを、ないがしろにしてしまいがちだからです。

でも、かくれ繊細さんは、自分を大事にするのが、ちょっと難しい構造の心をもっていて、自分を大事にする感覚をつかみにくいんです。

かくれ繊細さんが自分を大事にするには、どうしたらよいでしょう？

それは、一番自分がしてほしいこと、言ってほしいことに気付くことです。できるならば、言ってほしいことを自分に向かって言ってみるといいですね。

たとえば、ないがしろにされていると感じている時には、「大事にされたい」と感じている場面なので、そのことに気付いて、自分を少し大事に扱うといいです。

食べたいものを我慢しないとか、好きな道を歩くとか、いつもは禁止していることをやってみるなども、よいことです。

また、周囲の人のがっかりした表情を見て悲しい気持ちになった時は、「人をがっかりさせちゃったことに、落ち込んだね」「誰かに責められるんじゃないかって、怖いよね」といった言葉を、自分にかけてあげることが、自分を大事にすることを意味します。試しに、自分に話しかけてみてあげてください。自分がフッと癒されることが体感できますよ。

「自分を大事にするなんて気が引けちゃう」と思うかもしれません。

そしたら「自分を大事にするなんて、気が引けちゃうと感じているんだねぇ」とただ聞き役に回ってみてあげるというのも、自分を大事にすることです。

かくれ繊細さんなりのやり方で、自分を大事にしていきましょう。そうすると、罪悪感で疲れることは減っていきます。

誰かにダメ出ししなければならない立場が疲れる

かくれ繊細さんは、人との「和」を大切にし、穏やか、和やかに全体最適を目指していきたい人です。

誰かを叱ったり、ダメ出ししたり、修正を求める必要がある立場は、できるだけ避けたい、と思っているのではないでしょうか。

人を叱るのって、精神的にとても疲れますから。

気まずくならないように、ダメ出しするよりも自分で修正してしまうことや、言い出せずにずるずると日が過ぎて、タイミングを逃してしまったり、「もっと早く言ってほしかった」と言われたりしているかもしれません。

「だって、言い出しにくいから」という「恐れ」は、仕事の場ではなんの説得力ももたないばかりか、そんなことも言えないなんてと呆れられます。長い期間仕事をしていると、こうした「恐れ」が出てきた時、かくれ繊細さんは押し殺していくようになります。

そして、「嫌われてもいいから早く言っておけばよかった」という後悔を何度かして徐々に修正指示やダメ出しができるようになっていくのではないでしょうか。とはいえ、慣れていくのは容易なことではありません。誰かにダメ出しをしなければならないことを考えると、表面とは裏腹に、予測が多発して心の疲弊が増していきます。

このように疲れる理由は、かくれ繊細さんの「リアルな想像力」にあります。

叱られた相手は、叱ったあなたに距離を置くでしょう。または、あなたに叱られたことを、誰かに愚痴るかもしれません（きっと愚痴ります）。そのことを想像するだけであなたは、いてもたってもいられなくなることでしょう。

なぜなら、かくれ繊細さんの脳内では、「叱られた人が誰かに愚痴っている情景」がリアルに繰り広げられてしまうからです。そこであなたのことを噂している人たちは、かくれ繊細さんが最も恐れている表情を浮かべています。ヒソヒソ、コソコソと口元を手で押さえつつ噂話をしながら、横目であなたのことを見ています。

その想像は、現実には起こっていないとは思えないほどのリアリティがあり、あなたを震え上がらせます。だから、かくれ繊細さんは誰かにダメ出しや修正指示を出す際に、強くブレーキがかかるのです。

誰かにダメ出ししなければならない時に、これらの想像をしなければ疲れは感じにくいのですが、かくれ繊細さんの場合は、脳内イメージは自動的に働きます。

そして、「平気なフリ」をしつづけます。この「想像して消す」という遠回りをしているので、疲れるのです。

非HSPさんであれば、「あー、自分のことを愚痴ってるんだろうな」とは思うのでしょうが、それ以上に広がらずに「ま、いっか」と終わらせられるところが、かくれ繊細さんと違うのだろうと思います。深みにはまらずにすむのです。

対策

昇進したり、責任範囲が広がると、人に修正指示やダメ出しをする機会が増え、そのいたたまれなさが人知れず蓄積して疲れることが予想できます。そうした場合のかくれ繊細さんには、修正指示のいくつかのコツがあります。

相手のメリットになるように話をするコツを覚えておくと、疲弊しにくくなります。

①改まって話さない

「これから修正の指示を出します」と改まると、かくれ繊細さん自身が緊張して構えてしまい、相手にもそれが伝わって重大なことのように感じてしまいますので、何気ない会話にさりげなく修正指示を織り込みます。「ああ、そう言えばさ……」のような枕詞を使うといいですね。

②相手の言い分を聞く時はオウム返し

相手の言い分を聞く必要がある時、かくれ繊細さんはイライラしがちです。イライラが表に出てしまわないように、「そう、○○のつもりだったんですね」と、相手の言い分をオウム返しすることを意識しましょう。オウム返しは、気持ちを静める効果もあり、相手にとっては「話を聞いてもらった」という感触を残す有効な話の聞き方です。単調にならないように、相槌を打つ、軽く要約するなど、工夫をしながら使っていくとよいです。

③なぜそうなったかを簡単に一緒に分析する

本人が反省して、行動を変えるかどうかは、「一緒に分析」してあげられるかどうかにかかっています。次にどうしたらいいかがわからないうちは、しょぼくれるかふてくされるしかありません。でも、「次はそうすればいいのか」と具体的にわかると、次の行動が変わります。そのために、一緒に分析することが必要です。

これができれば、かくれ繊細さん側の「愚痴られる恐怖」を回避できます。お試しください。

可能性やチャンスをうまく活かせない自分に疲れる

かくれ繊細さんは、可能性やチャンスがあっても「あまりうまく活かせていないなぁ」「もっとうまく活かせたらなぁ」と考え、「なんでもっとうまく活かせないんだろう」「運がないのかなぁ」とモヤモヤすることに疲れてしまっているかもしれません。

たとえば、海外赴任する可能性があるとします。

未知の体験です。わ！いいな！やってみたいなと思うのですが、でも、海外に行くと自分の英語力のなさが露呈して、もしかしたらそのことでばかにされるかもしれないし、このまま日本にいたらなにも支障がないのに、海外に行ったら情けない自分が表面化してしまうかもしれない。

そうなると、自分が話している英語が合ってるのか間違っているのかばかりが気になって、自信がなくなって、ますますびくびくしてしまうだろう。そういう時のどうしようもなくしょぼくれた自分の姿が脳裏をよぎります。

かくれ繊細さんは一度自信を失うと、同じ境遇では立て直しが利かない、と知っています。

何事もなかったように心を立て直すことが難しいのです。

そうなったらもう、「逃げる」しかなくなります。なにか理由をつけて、その場から脱出します。

自分の中には逃げたという感触があるので、周囲の目を気にしておどおどしてしまいます。表面的には「別に気にしていないよ」と平気な態度を貫きますが、「あいつ、逃げ帰ってきたらしい」という噂をされているように感じるんですね。

無様に逃げ出す情けない自分など二度と体験したくないので、新しい可能性や評価されるチャンスをつかんで飛躍し、自分に自信をもとうとしても、逃避した記憶を増やすたびに、どんどんチャンスをつかむのが怖くなっていってしまうのです。

でも、かくれ繊細さんは、そのような恐怖を感じつつも、できる範囲の努力はして頑張ろうとしています。あきらめたくないのです。でも、だからこそ、チャンスに乗れないふがいない自分と、チャンスにスルリと乗っていく人たちとを比べては、うまく活かせない自分に腹が立つのです。

そして、自分を奮い立たせようとしてはっぱをかけます。「もっと頑張れよ」「皆はできてるのに、お前はできないのか」「頑張りがたりないからだ」と。

そしてそれは、「自分の弱さのせい」「運がないせい」だと思っているかもしれません。

ですがそれはちょっと違います。

チャンスにすいすいと乗れないのは、かくれ繊細さんが「心の構造が複雑で感情豊かなので、気持ちを切り替えることができない」せいなのです。

もし非HSPさんが海外で自信を失ったとしても、悪循環に陥ることなく切り替えられます。それほど気にならないからです。

「あ、英語通じない？　そうかー。ならば今からは、『英語苦手ですみませんー』という態度に切り替えて、皆に教えてもらいながら仕事しよう！」と切り替え、立て直すことにそれほど抵抗がありません。

この違いはなぜ生まれるのかというと、かくれ繊細さんの才能、武器ともいえる想像力や自省する力が強いためです。それが、切り替えが必要なこうした場面では裏目に出てしまうのです。

対策

なので、「気持ちを切り替えるスキルを身に付ける」ことは、かくれ繊細さんにとっては、気持ちよく生きるための隠れた武器になります。

心が折れても、その場所で切り替えて継続できれば、状況を打開できる可能性はグンと高まります。

98ページ（2章）でもご紹介しましたが左ページの図はかくれ繊細さんと非ＨＳＰ

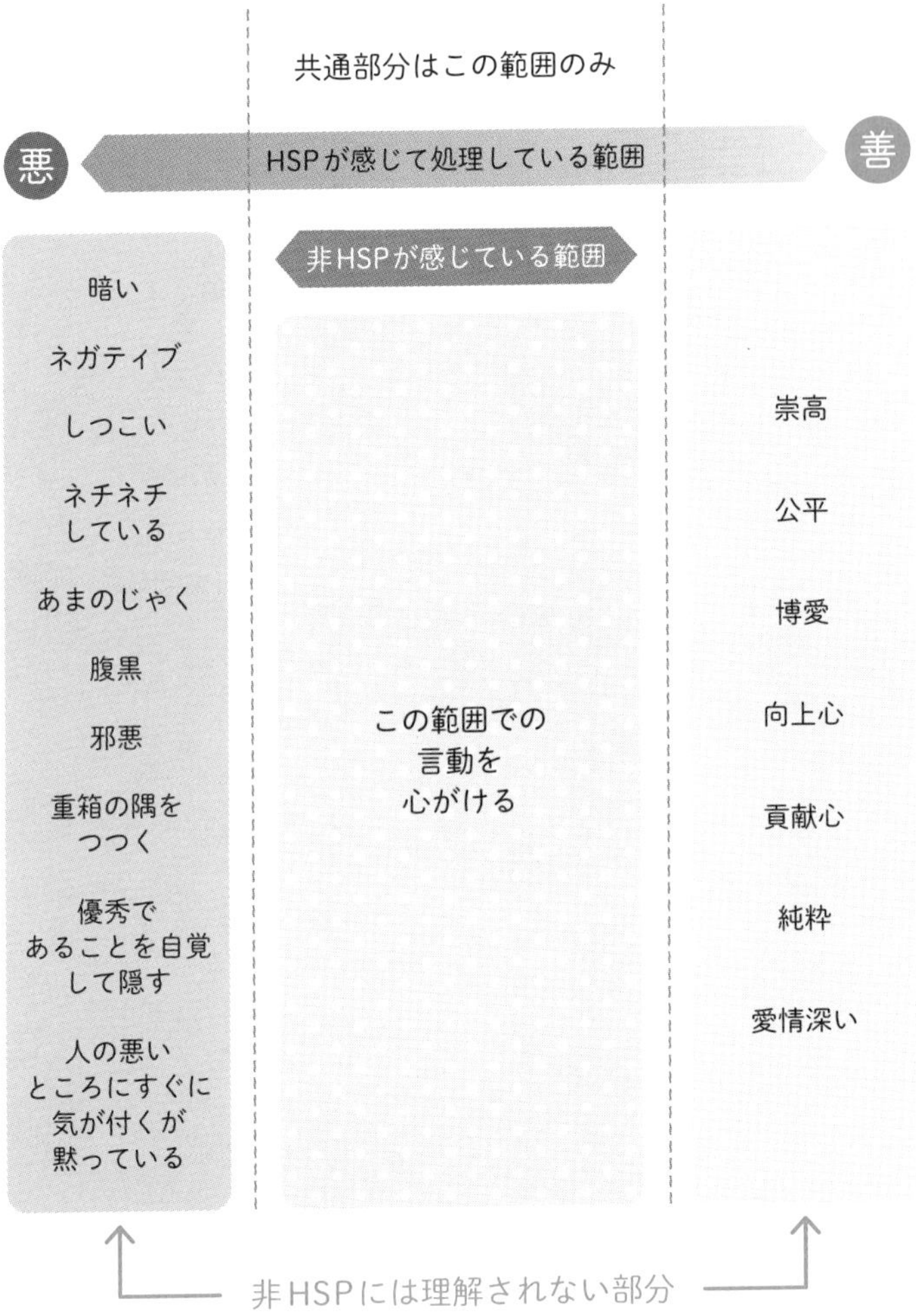

自分の中に「ある」ということを自覚しておく

の違いを表しています。

かくれ繊細さんが普通に感じていることなのに、非ＨＳＰには感じられていない部分があると仮定して作成した図です。心が折れそうになったら、まずはこの図を思い出すようにしてみましょう。

「自分と人とは、感じ方に違いがある」と思い出すことで、自分が気になっていることは非ＨＳＰさんたちは気にならないことなのだと気付き、自分の状態を素直に認めやすくなるからです。

この図を思い出して自己否定をやめるきっかけができたら、チャンスをとりに行けるようになり、自分で自分を否定して疲れるのも終わらせられます。

また、１３９ページ（３章）を参考にして瞑想やヨガに取り組むことも、気持ちの切り替えには一役買いますのでお試しください。

かくれ繊細さん
COLUMN
2
家事は「ついで」がおすすめ

家事と仕事の割合って、いつも、いつも、いつも、本当にいつも悩みでした。仕事がのっている時は、家事をする気になれない。家事をしたい時は、仕事が滞るし、仕事に気乗りしない時は家事が逃げ場所になってしまいます。

また、かくれ繊細さんが仕事にのめり込むまでには時間がかかります。なのに、せっかくのめり込んでも、切り上げなければならないとわかっていると集中がつづきません。逆にのめり込みすぎると、切り上げるのを忘れて、他のことで迷惑をかけてしまったりします。

私は「もう少し、あと少し」と仕事をなかなか切り上げることができなくて、子どものお迎えの時間を過ぎるなんてことがよくありました。

そんな失敗を何回もしていましたが、恥ずかしすぎて人には言えませんでした。

そんなふうに人に迷惑をかけると、相手が自分のことを「ダメな人」「常識のない人」と非難しているイメージがちらつきます。

そのイメージに自分がショックを受けて、今度は「二度とお迎えを忘れないように」と時間ばかり気になり、「のめり込みすぎてはいけない」と自分に集中することを禁止し始めるのです。

でも、のめり込めないと、楽しくなくて、消化不良が起こります。なので、「やりたいだけ仕事をやらせて！」と泣きたい気持ちでいっぱいになりながらごはんをつくり、子どもたちに声をかけ、お風呂を準備して、洗濯機を回す。

いつもいつも、「コントロールしなくちゃ」と思っているから相当疲れます。

家事に疲れるというより、他のこととの切り替えに疲れるのだと思います。

家事については、「ついで家事」が、最もかくれ繊細さんに向いている気がしています。なにかをした「ついで」にちょっとだけ家事をする方法で、トイレに行ったついでに床を掃く、宅配便を受け取ったついでに靴を片づけるという、かくれ繊細さんだったら、誰でもやっていそうな一石二鳥のやり方です。

家事は、他人の目に触れることがそれほどないはずの分野だから、常識にとらわれずに自分なりに工夫しやすいはずと思います。

が、かくれ繊細さんは、効率的な家事、自分なりの家事を実践することに躊躇するかもしれません。

その理由は「これは、誰かに見られた時にひどいって言われないかしら」という思いではないでしょうか。効率重視、常識無視の家事がすごくよいと思っても、「もし、ママ友に見られたら……」という予測がちらつきます。

そういう時は、ロジカル家事とか、知的家事とか、無駄家事を省くテクニックとか、ポジティブに家事を時短にする提案をしてくれているサイトを見て、取り入れたらいいと思います。

また、男性に家事を分担させるのがよいという風潮がありますが、その家の現状を見つつ、必要に応じて対処すればいいんじゃないかと思います。

第5章

疲れすぎる「かくれ繊細さん」に必要なこと

疲れは、かくれ繊細さんが自分を守るためのしくみです。
無意識に起こる防衛反応を知っておけば、
自分を責めずにすみます。
自分のことを理解すると人生が変わります。

かくれ繊細さんの疲れやすさは、自分を守るためのしくみ

かくれ繊細さんは疲れやすい。

でも実は、その疲れやすさは自分を守るためのしくみなんですね。

自分を守るとは、感受性の高いかくれ繊細さんが、感じ取りすぎて、つらくならないようにするための防衛のしくみです。

疲れてしまえば、外からの刺激を取り込むことをやめます。

そして刺激に揺さぶられないように、感じる機能を停止します。

疲れた時、かくれ繊細さんは、電源が切れたように眠りに落ちますが、それは、自分の体を外部刺激のショックから守るためなんです。眠ることで、刺激を感じないように導いてくれています。

疲れることによって刺激の取り込みをやめる必要があるのは、かくれ繊細さんが無理しがちな人たちだからです。

「こんなことくらいでくじけていたらダメだ！」と自分を頑張らせつづけます。やめない限り刺激を受けつづけ、ショックも受けつづけます。

そのやり方をしつづけるのは、人生の初期に、そういうやり方をしてうまくいったからなのです。最初は、親や先生や、周囲の大人や先輩に「ほら、もっと頑張って！」とお尻をたたかれていました。

それがいつのまにか、周囲の人たちがいなくても、自分の中に叱咤激励担当を育てて、自分で自分のお尻をたたくようになったのです。

自分で自分を追い込んでうまくいっていると、それが成功体験となって、追い込みをどんどん強化していきます。

ところが、いくら自分のお尻をたたいても、うまくいかないこともあります。そういう時に「こんなに必死に自分を追い込んでも、ダメだった」とがっかりします。

そうすると、かくれ繊細さんは、これまでお尻をたたいてうまくやってきた方法を、信用しなくなるのです。うまく成果を出せなくなるからです。

でも、自分を追い込む以外の方法は知りません。

だから、疑いながらも、その方法でやりつづけるしかなくなります。

もっと強く、もっと激しくお尻をたたけば、いい成果が出るのではないか、とますます激しく追い込むようになり、心身がついていけなくなります。

この、激しい追い込みがかくれ繊細さんのアクセルです。

でももう一方では、「悲しい、怖い。もうできない」と拒否的な反応を起こします。

これが、かくれ繊細さんのブレーキです。

かくれ繊細さんは、そんなふうにして2つのペダルを同時に全力で踏み込んで、2倍のエネルギーがかかっているので、疲れるのです。

それで、力尽きて寝込んでしまったり、ぼんやりしてしまうことがあるかと思います。これは、かくれ繊細さんにとっては「もうできない」というサインです。体がアクセルとブレーキのかかりすぎを止めるために白旗を上げているのです。かくれ繊細さんの疲れやすさは、自分の心身を守るためのしくみなのです。

「自分に厳しすぎる」とか「理想が高すぎる」「もっと、普通でいいんだよ」などと言われるかくれ繊細さんたちの、身に覚えのある共通体験なのではないかと思います。

対策

弱音を吐くこと、白旗を上げることを自分に許すことによって、寝込む前に、この疲れは解消できるようになります。

かくれ繊細さんにとって、弱音を吐くことは負けることを意味するため、できないと感じる人が多いのですが、**正しく弱音を吐くことは、「自分を大事にする」ことを指します。**

その効果は、かくれ繊細さんの心身に大きな影響力をもたらします。

よく、「自分を大事にする」と言われますが、かくれ繊細さんにとって「自分を大事にする」とは、一般的な意味と異なります。そのことを、次の項目に書いていますので読んでください。

自分のいたわり方①
～かくれ繊細さんが「自分を大事にする」方法

「自分を大事にする」という言葉の一般的なイメージって、どんなものでしょうか。

たとえば、思い切り好きなものを食べるとか、自分にご褒美を買ってあげるとか、寝たいだけ寝ることを許すとか、やるべきことをゆっくりやってもいいことにする、とか、そういったイメージかもしれません。

いわゆる「甘やかす」ということを指す気がします。

でも、かくれ繊細さんであるあなたは、もしもこんなことばかりしていたら、ダメな人になって、負けてしまいそう、と思うのではないでしょうか。


かくれ繊細さんにとって「自分を大事にする」とは、前述のような即物的なことや、自分になにかを許す、甘やかすといった方向の行動ではない、と私は考えています。

かくれ繊細さんにとって「自分を大事にする」とは、「自分が心からほしいと思っていることを自分にしてあげる」ことであると思います。それはつまり、「そうだね、あなたの感じていることは正しい」と誰かからの同意を得ることです。それは、かくれ繊細さんが最も苦手なことかもしれません。

かくれ繊細さんは、脆弱で、打たれ弱く、悲観的で、悲壮な表情をしている自分が、自分の中にいます。

そして、鼻の奥がツーンとするくらい悲しい場面を思い出すたびに、その人物が激しく動揺します。

ところが、その人物は、表面的なあなたのキャラクターとは異なります。他者から見たら、まったく想像できません。

かくれ繊細さんは、積極的、外交的、社交的で、人望が厚く、かわいげはあるものの、動揺しないタイプの人物として生活しています。ですから、心の別の部分にいる、脆弱な自分のことを「弱い」「器が小さい」「そんな自分であるはずがない」と思いたいのです。外側の人物像と一致しないからです。

外側に認識されているその性格のまま生きていられる時は、そのままで構いません。自分の思い描く自分像と一致していて、矛盾がないからです。

でも、ひとたび疑心暗鬼にとらわれ、傷ついた心を消化できなくなった時、かくれ繊細さんは心の中に留め置いたその傷を、自分で大きくしていきます。外側の性格は天真爛漫で、おおらかで、冷静で、動揺しないあなたなのに、内側は、うじうじオドオド動揺していて、世の中に背を向けている状態になり、外側と内側が一致しなくなります。

表に見せている自分を維持したい、けれど、内側の自分は暗い目をし、うじうじオドオドしています。

この時、「自分を大事にする」ということを間違って理解していると、「大丈夫?ほしいって言っていたあの○○を買っちゃえば?」とか「気晴らしに、旅行にでも行けば?」などと物理的な満足をさせることで、自分のうじうじオドオドを解消してあげようとします。

ですが、これではかくれ繊細さんのモヤモヤは解消されないのです。

そんな時、かくれ繊細さんは、機嫌をとられたいのではありません。弱って、なにもできなくなって、気弱でぐずぐずで理屈っぽくしつこい自分をも受け入れて「そう感じているんだよね」と言ってほしいだけです。

傷ついた時のかくれ繊細さんは、しつこくて、妬みだらけで、劣等感に満ち溢れていて、重いのです。とても、そのような自分は見せられません。

そんなあなたの重くなった感情をそのまま「そう感じるよね」と自分で受け止める。

それが、「自分を大事にする」ということではないか、と私は考えます。


私はかつて、年に何回か、大きな感情の波にのみ込まれて、身も心も立ちあがれなくなっていました。その頃、とてもほしかったのが、そんな自分を抵抗なく見せることができて、「いくらでもめんどうなことを考えてもいいんだよ」と頭をなでてくれる存在でした。

漫画とか、ドラマの中にはいますよね。そういう救世主的な存在が。

たとえば『Dr．コトー診療所』のコトー先生のように、自身も傷を負っていながら、その傷と共に穏やかに生きて、人のためになる仕事をすることによって自分も救われている人。そんな存在をフィクションの中に見つけると、そのたびに救われたような気持ちになりました。

皆に見せたら引かれてしまいそうな脆弱な自分を、誰かにそのまま同意してもらうことは不可能です。ですから、この部分は、自分で引き受けます。

「ああ、そういう自分もいるよね」と了解することが、このめんどうな自分を受け入れるということであり、「かくれ繊細さんにとっての『自分を大事にする』」なのです。

自分の感じていることに自分が同意する、ということを、かくれ繊細さんはやっていないし、やれていないのです。ですが、つらい時に最もほしい受け皿です。

自分のいたわり方②
〜「休みなのに休めない！」は終わらせられます

そんなかくれ繊細さんは、「自分をいたわる」ことにもピンときていないのではないかと思います。休みがあるのに、きちんと休めていないのではないでしょうか。

物理的休みがあるのに、ずっとなにかを心配していて、まったく休んだ気がしない。そればかりか、休みの日になると頭痛がしたり、生あくびが止まらなかったりで、緊張を解けないことに困っているかもしれません。

これは、物理的な余暇に合わせて、脳内を切り替えられないこと、交感神経（活動する時に働く神経）を働かせすぎていることが原因です。

なので、副交感神経（休息やリラックスする時に働く神経）を働かせることができるように、心身のスイッチを切り替える練習が必要です。

休めている状態とは、

・体ごと緩めながら、胸の奥から息を吐き出せる
・感情を感じられているけれど、表面に出すのではなく、おだやかに自分の中に留め置いている
・周囲の物事が気にならず、頭の中が静か
・肩の力を抜ける

といった状態です。

反対に、休めていない時は、呼吸は浅く、表情は鉄仮面のように固着して柔軟性がなくなります。周囲の物事や人と自分を見比べて様子をうかがい、警戒しつづけています。そしてそういう自分を、「自分はリラックスすることさえできない」と、否定的に感じて、さらに身を固くしているかもしれません。

休むには、物理的な余暇が必要ですが、かくれ繊細さんにとって余暇は長時間必要なわけではありません。

むしろ、ちょこまかとこまめに余暇をとることができるほうがよいです。そしてその余暇の間に心身がしっかり俗世間から距離を置くことができていれば、短い余暇であったとしてもまた、復調できます。

そのためには、かくれ繊細さんがどのように注意を外に向けているのか、同時に非HSPさんたちはどのように体の中に注意を安住させているのかを知る必要があります。

137ページ（3章）の図にあるように、かくれ繊細さんはいつも注意を外に向けている状態ですが、非HSPは必要な時だけ注意を外に払うという、しくみの違いがあるように思います。

かくれ繊細さんが疲れるのは、外に向けっぱなしの注意を自分の中に戻せないためであると考えられるので、外に向けている注意を内側に戻すわずかな時間が、かくれ繊細さんの安住の時をつくってくれます。

そのためにやらなければならないのは、長時間の瞑想ではありません。数秒目をつぶることです。かくれ繊細さんがリラックスするには、数秒でよいので以下の手順で目をつぶってみましょう。

短時間で疲れを癒やす方法

1. 目をつぶります。
2. 背骨をゆったりと伸ばします。
3. 外に向けている注意に着目します（瞬間的にとらえるだけでよく、長々とイメージしないことが肝心です）。
4. 着目した注意を、移動させて自分の体内に戻してください。皮膚の内側に呼び込むようにします。その時、目をくぼませるようにイメージして、眼球を内側に動かします。
5. 内側に注意を呼び戻せた感じがしたら、目を左右に揺らしてみましょう。内部で安定させるためです。

⑥ 心身が落ち着いた感じが得られたら、体内に戻した注意を開放してください。

かくれ繊細さんが疲れを大きくしないために、小刻みに余暇をとることを意識していただきたいです。

その時には、この数秒でできる注意の焦点を意識した瞑想を習得すると、疲れが大きくなる前に心身のスイッチを副交感神経に切り替えやすくなります。そのためには、非ＨＳＰさんとの注意の構造の違いを理解することと、小刻みに注意を体に回帰させることが大切です。

楽しいことの見つけ方 〜楽しいかどうかわからない！から抜け出す方法

よく、「楽しみましょう」という言葉を聞くことがありませんか？

私はこの言葉には違和感があります。

楽しい状態は、意識してつくるものではなく、なにかに取り組んだ結果、自分に、自然に起こるものだと思うからです。

なので、その「楽しみましょう」を聞くたびに、脳内で次のように翻訳しています。

「かくれ繊細さんにとって、楽しい状態とは、『目の前のことに没頭しましょう！』『目の前のこと以外のことを考えるのはやめましょう！』ということだよな」と。

かくれ繊細さんは、目の前のことに没頭することが好きです。

最初は対象のものにあまり興味がなくても、没頭できれば、大概のものは楽しめてしまうのではないかと思います。

楽しく没頭している状態が好きなので、没頭できる対象を常に多方面で探しているかもしれません。


そして、没頭できるものを探している目的は他にもあるように感じます。

かくれ繊細さんは、焦ったり、不安になったりしやすいので、「なにか心から没頭できるものを見つけたい」のかもしれないのです。

いろいろなことを心配したり、予測して不安になったりすることを避けるために、なにかに没頭する必要があるのかもしれません。

かくれ繊細さんは反省しがちな上に、自ら自分を追い込んで頑張らせてしまいがちでもありますから、周囲の人たちと自分を比較して強い焦燥感を感じることも多いと思います。

没頭していれば、そういうことも回避できるというメリットがあります。

つまり、かくれ繊細さんは、焦り、不安、心配というネガティブな感情に惑わされることを回避するために、没頭できることを探しているとも言えます。

そんなかくれ繊細さんが、楽しい（没頭する）時間をもつためには、「締め切りをつくる」ことが必須です。

ただし、締め切りに追われすぎるとイライラしたり焦ったりもするため、ペース配分と締め切りのつくり方には配慮する必要があります。

たとえば、なにかのレッスンを受けるのであれば、レッスンの初月は4回のうち2回は欠席するつもりで申し込む。もったいないと感じてストレスに感じるならおすすめしませんが、ストレスに感じる頻度を減らして、継続できるようにするという方向性も選択できると覚えておくとよいでしょう。

また、「○○をやるべきだったのに、できていない」と自分を責めて疲れることもあるかと思います。

特に、1日の終わりかけの夕方頃にそう感じやすいのではないでしょうか。

私は、夕焼けを見ると「ああ、今日も大したことができなかった」と自分を責めることに気付いて、夕焼けを見るのを意図的にやめるようにしています。かきむしられるような気持ちになり、無駄に自分を責めることがわかっているからです。

うまくいっている誰かを見ると焦るとか、ネット記事で「メンタルが強い人の10の習慣」など自分を刺激しやすい記事を読んだりすると焦る、など、どんな外部刺激に反応しやすいのかを把握することができるといいですね。そうした外部刺激をあえて避けることで、自分を無駄に責める頻度は下がります。

自分責めをしている時は、没頭はできないものです。

なので、無駄責めをやめることと、適度な負荷のかかる締め切りをこまめに設定することが、かくれ繊細さんにとっての集中、没頭、そして「楽しい」に至るポイントとなります。

かくれ繊細さん同士ならうまくいく？
～付き合う相手について

かくれ繊細さん同士ならうまく付き合っていけるのではないか、深く話を共感し合えるのではないか、と感じているかもしれません。

98ページ（2章）の非HSPとかくれ繊細さんの感受性の違いを表す図から言っても、自分と同じような感受性をもつ人同士でやりとりするのは理に適《かな》っていると言えます。

かくれ繊細さんは、場の空気を読みますし、相手がしてほしいと思っているリアクションをすることができます。もしお互いにそういうコミュニケーションをする同士であるなら、短時間で息が合って、気持ちよく盛り上がることでしょう。

また、あるあるな共通点も多いですから、他人には理解されえなかったあるあるエピソードに、強く深くうなずき合い、深い共感、シンパシーをもつでしょう。

確かに、かくれ繊細さん同士なら共通の感覚をもっているため、話は合いやすいです。しかし、かくれ繊細さんならではの「疑い深さ」や「侵害を嫌う」「決めつけを嫌う」特性から、仲たがいしやすくもあります。

非HSP同士であれば、ちょっとイラッとしてもそのまま流れて行ってしまうような小さなひっかかりだったとしても、かくれ繊細さんの場合は一度相手の言動が気になると、そのことに固着しやすく、嫌悪感をどんどん大きく膨らませてしまいやすいためです。

たとえば、一方のかくれ繊細さんがもう一方のかくれ繊細さんを「あなたって、○○ですよね」と決めつけたような言い方をすることを、「許してもいい」と感じるか否かで、関係性は変わってきます。

「なんなの、この人、私のこと全部わかったような言い方をして。なにもわかっていないくせに」といったように感じると、そのことを払拭して再度心から信頼し合うことが難しくなるのです。

かくれ繊細さん同士だから、オールOKなわけではないのですね。むしろ、相手は自分と同じである、だからわかり合えるはずである、と考えて期待値が高いがゆえに、ちょっとした相違点にイラッとしかねません。

もしかくれ繊細さん同士で仕事をするとしたら、最も気を付けなければならないのは、業務の責任範囲の明確化と、金銭の取り分です。

かくれ繊細さんは、この2点に関しては特に、自分の領域を侵害されたと感じやすいので注意が必要です。役割の境界線をしっかり引いて、分担を明文化しておくことによって、他者と自分を比べていじけたような気持ちになることも防げます。かくれ繊細さんは、自分の土俵で他の人が評価されることにも敏感だからです。

かくれ繊細さん同士でなにか新しいことを始める時に、最もやってしまいがちな失敗が「やりながら決めていこうとすること」です。

相手のことを100％信用している時は、「状況が変わったら、状況が変わった時に話し合えばいい」と思いがちなのですが、なにかでボタンを掛け違えていったん猜《さい》疑《ぎ》心《しん》をもってしまうと、坂道を転がり落ちるようにあっという間に、取り返しがつかないくらい溝が深まってしまうのです（小さなきっかけで、あっという間に人を嫌いになりますよね?:）。

なので、溝ができる可能性を考えてあらかじめ明文化しておくことで、後々の泥仕合を避けられます。

その点に気を付けると、かくれ繊細さんの観察力、アイディア力、洞察力、実行力、計画力、研究熱心さ、貪欲さなどをもち合わせている2人は、好循環を生み出しやすくなります。

この点を考慮すると、なにかを一緒に育てていく相手は、必ずしもかくれ繊細さんである必要はありません。

世の荒波をものともしない、それほど敏感でない人と一緒に目的を達成しやすい場合も多々あると思います。なにしろ、相手に合わせることには一日の長があるかくれ繊細さんですから、自身の特性をよく知った上で力を合わせていくとよいでしょう。

自分を理解すると人生が変わる

自分を理解すると人生が変わる、というのは大げさな言い方だと思われるかもしれませんが、本当のことです。

「無意識のしくみ」込みで自分を理解することができると、かくれ繊細さんの生きづらさは解消されやすくなります。

無意識は、「無」というだけあって、私たちが気付かないうちに働きかけてきます。だからとらえにくい……というか、とらえられません。ですが、無意識の「しっぽ」をつかむことはできます。

無意識がどのようにかくれ繊細さんに働きかけているのか、そのことでかくれ繊細さんがどんな影響を受けているのかに気付くことができるようになると、本当に困っていることを解明できることが多いです。

かくれ繊細さんの場合、無意識の働きかけのしくみを理解しなければ、「自分がなぜこんなふうに行動するんだろう」という疑問は、自分のことなのに一生わからないままかもしれません。

かくれ繊細さんにとって、無意識のしっぽをつかんで解消したい局面とは、たとえば、「やる気が出なくて困っている。でも、どうにかやる気を出したい時」、「重苦しい気持ちから立ち直りたい時」、それから「他の人がよい評価をされているのを見て悔しい時」や、「いつも同じようなところでつまずいていることに気付いた時」などではないでしょうか。

これらは、無意識のしっぽをつかんで解明すれば、解消することができるものが多いです。ここにあげたような場面で感じる感情は、できればもろに感じるのは避けたい感情です。

だから無意識は、自動的に回避しようとしてくれます。この働きは「防衛機制」と言われていて、心の状態を健康に維持するための無意識の機能です。

実は、この心の動きが、かくれ繊細さんが理解してとらえるべき無意識の働きかけなのです。

防衛機制は、現実そのものではなく、自分の心の状態を維持するために、現実を少し歪《ゆが》める役割をもっています。特にかくれ繊細さんは、繊細であるがゆえに、現実をそのまま感じないように防衛する機能を強めに設定しています。ですから、現実がどう歪められたのか、どう歪められやすいのかという自分の癖を知ると、疲れにくくなり、人生が変わっていきます。

防衛機制には、多数の種類があり、以下のものがあげられます。

- 昇華：社会的には認められにくい衝動や欲求を、社会的に認められやすい行動に置き換える（例：暴れたい欲求を、スポーツで晴らす）。
- 逃避：乗り越えるのが困難な現実から目をそらすこと（例：できそうもない問題を見ると、あくびが出る）。

・置き換え：対象となることを別の対象に置き換えること（例：親に怒られた兄がイライラして、妹にいじわるする）。

・知性化：受け入れがたい感情を、知識を使った対象に置き換えようとすること（例：失恋がつらいので、人の心の動きについて学術的に知ろうとする）。

・否認：受け入れがたい感情を、なかったことにすること（例：戦死した夫の死を信じない）。

・投影：自分の受け入れがたい感情を、他人の感情だとすること（例：「私は彼女を嫌っている」のに、「彼女が私を嫌っている」と思い込む）。

・合理化：自分に都合のよい理屈をつけること（例：うまくいかなかった後で、「ほんとは最初からやりたかったわけではないからいいんだ」と考える）。

・反動形成：本心とは正反対の態度や行動をとりつづけること（例：腹が立っている相手に、慇懃《いんぎん》に受け応えをする）。

・同一視：他者の考え方、態度などを自分の内に取り入れること（例：憧れの人と同じ服装、ふるまい方、言い方になる）。

・補償：自分のいたらないところを、別のことで埋め合わせる（例：スポーツが苦手だから、学科の成績を上げようとする)。

自分を理解する、というのは、この防衛機制に気付く、ということを指します。即座に気付くことができなくても、あとから「あの時、〇〇という防衛機制が働いていたな」と気付くことからスタートするといいです。

たとえば、初めて会う人がいるとしたら、その時にどんな防衛機制を使っているのかを把握してみます。

初めて行く場所で初対面の人に会う場面を予測して不安を感じているけれど、不安だと思いたくないので、イライラしたり、緊張する場面であれば、

・初対面の人が行っても大丈夫って言われた、と考える(合理化)
・行く先への道順を丁寧に調べる(反動形成)
・「私が緊張しているんだから、他の人も緊張しているはず」と考える(同一視)
・「考えるな」と自分に言い聞かせる(合理化)
・「行ったらいいことが絶対にある」と思うようにする(補償)

などのように無意識のしっぽが見え隠れすると思います。
自身を観察することで、自己理解に一歩前進してみましょう。

かくれ繊細さんたちは、疲れていても、自分が我慢すればいいのだ、と我慢してしまいます。そんな人たちに「我慢せずに疲れているって言えばいいんだ」と言っても、彼ら、彼女らの疲れは解消されません。

かくれ繊細さんたちは「そうだね」とほほ笑んで、親切心に応えるためにまた、疲れを飲み込むからです。

この本が、かくれ繊細さんが疲れを解消していただけるきっかけとなれば幸いです。

参考文献

・エレイン・N・アーロン 著，片桐恵理子 訳『敏感すぎる私の活かし方　高感度から才能を引き出す発想術』（パンローリング株式会社）2020

・エレイン・N・アーロン　ブログ
The Highly Sensitive Person（http://hspjk.life.coocan.jp/）
Highly Sensitive High Sensation Seekers - Giving Equal Love to Both Parts（2023/6/27）
Introversion, Extroversion and the Highly Sensitive Person（2018/4/24）

・エレイン・N・アーロン 著，明橋大二 訳『ひといちばい敏感なあなたが人を愛するとき　HSP 気質と恋愛』（青春出版社）2020

・岩井俊憲 著『アドラー心理学　愛と勇気づけの子育て』（方丈社）2021

・勝間和代 著『勝間式 超ロジカル家事』（アチーブメント出版）2017

・本間朝子 著『本間式置くだけ片づけ いる / いらないがサクサクわかる、考えなくても手が動く！』（エクスナレッジ）2019

・河合塾 KALS 監修，宮川純 著『公認心理師・臨床心理士大学院対策　鉄則 10 & キーワード 100　心理学編 』（講談社）2018

時田ひさ子（ときた・ひさこ）

HSS型HSP専門心理カウンセラー
合同会社HSP／HSS LABO代表
繊細で凹みやすいが好奇心旺盛で新しいものへの探求欲が旺盛なHSS型HSPへのカウンセリングを、2万時間実施。講座受講生からのメール、LINEのやりとりは月100時間以上になる。生きづらさ研究歴は高校時代より35年。生きづらさを解消するヒントを得るために早稲田大学文学部心理学専修（当時）に進学。2016年、自身がHSPでありさらに他人の目を意識しすぎる上に好奇心旺盛なHSSタイプであることがわかる。この時、自身の35年の生きづらさの理由がHSS型HSPの特性に由来することにあると理解。このことをきっかけに、HSS型HSPに有効な生きづらさ克服の方法を発案、実践。
著書に『その生きづらさ、「かくれ繊細さん」かもしれません』（フォレスト出版）、『かくれ繊細さんの「やりたいこと」の見つけ方』（あさ出版）などがある。
2024年現在、臨床心理学修士課程で学んでいる。
HP = https://hsphsslabo.com/

イラスト：よしだみさこ
ブックデザイン：白畠かおり

かくれ繊細さんの
めんどくさい疲れを手放す本

2024年7月23日　初版第1刷発行

著　者　時田ひさ子

発行者　松原淑子
発行所　清流出版株式会社
〒101-0051
東京都千代田区神田神保町3-7-1
電話　03-3288-5405
ホームページ　https://www.seiryupub.co.jp/

編集担当　秋篠貴子
印刷・製本　シナノパブリッシングプレス

乱丁・落丁本はお取替えいたします。
ISBN978-4-86029-565-3

本書をお読みになった感想を、QRコード、URLからお送りください。
https://pro.form-mailer.jp/fms/91270fd3254235